ふくしと教育

SOCIO-EDUCATION AND SERVICE LEARNING

通巻35号　目次

特集　学校でアプローチする「ふくし」探究学習

ふくし対話　この人と語る

ボランティア活動の面白さ
ボランティア学習の大切さ

新崎国広

あらさき・くにひろ
「ふくしと教育の実践研究所 SOLA」主宰。社会福祉士
1955年、大阪市大正区で沖縄県出身の両親のもとに生まれる。1978年、肢体不自由児施設にてソーシャルワーカー兼ボランティアコーディネーター。1999年から専門学校専任講師、大学助教授を経て、2003年より大阪教育大学准教授。2017年より大阪教育大学教育協働学科教授。2023年3月に退職。現在は、アクティブシニアとして、フリーランスとして「ふくしと教育の実践研究所 SOLA」を立ち上げる。一般社団法人ボランティア・市民活動センター代表理事。

×

渡邊一真

わたなべ・かずまさ
本誌編集長。社会福祉士。
京都府社会福祉協議会福祉部生活支援課長、日本福祉教育・ボランティア学習学会理事。

名賀　亨

なが・とおる
華頂短期大学教員
総合建設会社でサラリーマン生活を13年続けた後、大阪ボランティア協会事務局次長などを経て、華頂短期大学幼児教育学科准教授、華頂短期大学付属幼稚園副園長を兼務。修士（学術）。日本ボランティア学習協会副代表、京都ボランティア学習実践研究会代表。著書『ボランティア論ー「広がり」から「深まり」へー』（共著・みらい）など。

渡邊　新崎国広さん、名賀亨さんのお二人は、長らく施設やボランティアコーディネートの現場で歩まれ、大学教員となられた現在まで共に活動をしてこられたと聞いております。大阪ボランティア協会での35年にわたるお付き合いから、特に今回はボランティア活動の面白さやボランティア学習の大切さについてうかがいたいと思います。

●原点は大阪交通遺児を励ます会との出会い

新崎　名賀さんと私との最初の出会いは、確か1988年ですから35年前になりますね。まさに、光陰矢のごとしですね。お互いがんばりました（笑）。

渡邊　それでは、まず名賀さんがボランティアの世界に入られたきっかけなど教えてください。

名賀　私自身、10歳の時に父親を交通事故で亡くし母子家庭で育ち、中学卒業後は交通遺児育英会（現：あしなが育英会）の奨学金を受けながら高専に進学し建築を学びました。高専時代の前半はクラブ活動や友人たちと遊ぶことが主のあまり代わり映えのない学生でした（笑）。

高専4年生の時に、交通遺児育英会が毎年実施していた「奨学生のつどい」にたまたま参加したことで、当時、交通遺児育英会専務理事（現：あしなが育英会会長）だった玉井義臣さん、大阪交通遺児を励ます会（以下、励ます会）の創設者山本孝史さん（故人）、そして励ます会で学生ボランティアとして活動をしていた早瀬昇さん（現：大阪ボランティア協会理事長）らに出会い、誘われて励ます会の活動に参加することになったんです。

それがきっかけとなり、励ます会が拠点としていた大阪ボランティア協会（以下、大阪V協会）に出入りすることになり、当時大阪V協会事務局長をされていた岡本榮一先生（現：大阪V協会相談役）をはじめ様々な人たちと出会い、いろいろなボランティア活動に参加する機会を得ることになりました。いま考えると、これは私にとって人生の大きな転機の一つだったと思います。

新崎　大きな転機を迎えた後、一般企業に就職してサラリーマンになられたんですよね。サラリーマン時代、特に印象に残ったことや現在に影響を与えたエピソードなどはありますか？

名賀　1975年に高専を卒業したあと、総合建設会社（ゼネコン）に入社し、建設工事現場でいわゆる現場監督としての仕事が始まりました。現場監督は、建築設計に基づいて工事の施工計画を立て、さまざまな工事に携わる職人さんたちや資機材をコーディネートし、工期通りに建物を造り上げるのが使命で、なかなか難しい仕事でもありました。しかし、設計図に描かれたものが徐々に形になっていくプロセスに関われることには、この仕事ならではの面白さもありました。

一方、学生時代から始まった励ます会での活動も、日曜日などの休みを中心に活動を続けていました。ただ、建設工事現場というのは時期によってはとても忙しくなかなか休みも取れないこともあり、今のようにボランティア休暇・休職制度などもなかったため十分に活動に関わることはできなかったことはあります。

新崎　名賀さんは海外で仕事をしていた経験があると聞いたんですが、その辺り少し教えてください。

名賀　そうなんです、1979年だったと思います。同期入社の仲間が駐在していたイラクのバクダッドから病気のために急遽帰国し、その交代要員として私がイラクに行くことになったんです。当時、海外で仕事をすることは私の憧れでもあり、ワクワクした気持ちで着任しました。最初に飲み水の洗礼を受け、3日間寝込む下痢をしたりしましたが、同じ日本人仲間と共に夏には50度近くまで気温が上昇する中で頑張って仕事をしていました。

しかし、これまで日本での生活経験しかなかった私は、言葉の違いからうまく意思の疎通が図れなかったり、文化、生活習慣などの違いから仕事のペースがなかなか合わなかったりといった状況の中で、ずいぶんと悩むこともありました。違うことは当たり前なんですが、恥ずかしながらそれをうまく受け止めることができていなかったんですね。いろいろ悩む中で「日本に帰りたいな」と思うこともありました。

そんな時、イランとイラクの戦争が始まったんですよ。俗に言うイラ・イラ戦争なんですね。空襲警報が町中に鳴り響き、頭の上を爆撃機やミサイルが飛んでいく、それを地上から高射砲で攻撃するという状況は、今だから簡単に語ることができますが、とても怖い思いをしました。開戦後ほどなくして日本政府からの要請で日本に帰国することになり、ヨルダン経由で日本に帰ってきました。余談ですが、この時ヨルダンで3日間の休暇をもらい、仲間と共に死海で泳ぐという貴重な体験をしました。

戦争が落ち着き、再度イラクに赴任するときに、違いを受け入れて双方が気持ちよく仕事をするためにどうすればよいか考えたんです。答えは、当たり前なんですが、相手の人に自分から近づくということでした。そこで、アラビア語の読み書きはとても難しく習得できなかったのですが、言葉を一生懸命に覚えたんです。すると、徐々に単語の繋ぎ合わせですが簡単な会話ができるようになり、現地の人と通訳を介さずにちょっとしたコミュニケーションをとることができるようになり、気持ちもどんどん楽になって、仕事も生活も楽しいものになっていきました。私の異文化体験を通した学びですね。実感しました。とても印象に残っているエピソードの1つです。

●大阪ボランティア協会への転身

新崎　勤めていた建設会社を退職して大阪V協会の職員になったんですよね。その理由をお聞かせください。

名賀　イラクでの工事が終わり帰国した後、海外事業部に所属して海外工事の支援を国内からしていたのですが、この海外事業部が本社に一本化されることになり、イラクや海外事業部での経験でいろいろな違いのある人たちと一緒に何かをすることの面白さを感じていた私は、人が集まりお互いに協力しながら何かが生み出せるような場に関わりたいという思いが強くなり、思い切って退職を決意したんです。退職後何をするかも決めないままの無謀とも言える退職でした。でも、たまたま、私が会社を退職した翌年に岡本先生が大学教員に転身されるタイミングで大阪V協会職員の募集があり、早瀬さんから声をかけてもらい、採用試験を受け、無事に合格しました。

新崎　就職した当時、大阪V協会で、どのような仕事をされていたのですか？

名賀　大阪V協会は、1965年にボランティアの人たちの熱い想いとパワーが集まり、生みだされた民間のボランティア・市民活動支援組織です。設立当初から〝人育て〟を大事にし、ボランティア講座を始めとしてボランティアコーディネートや情報提供、図書の出版など、さまざまな市民活動の支援にかかる事業を実践していました。

職員になった私は、先ず、さまざまなボランティア育成プログラムに関わることになりました。とりわけ若者ボランティア育成事業では、障害者の生活施設で高校生たちが4泊5日の日程で障害者の人たちとの交流や生活寮周辺の整備作業を行う高校生ワークキャンプ、期間を短くして同じような内容で行う中学生ワークキャンプ、社会福祉施設で夏休みに5日間のボランティア活動体験を行うサマーボランティアプログラム（以下、サマボラ）、さらにサマボラ参加者たちが活動後に主体的に作り上げたバリバリ元気天国（青少年ボランティア大会、通称バリ天）、JYVA（日本青年奉仕協会）が主催する全国の中高校生ボランティアたちが活動に関する情報交換をし、交流する活動文化祭の共催など多くのプログラムに関わりました。

新崎　私が、最初に名賀さんと出会ったのは、まさに青少年向けの短期体験型ボランティア学習事業であるサマボラの受入施設職員の事後研修会でしたね。名賀さんとの出会いによって、ボランティア学習の大切さや面白さを実感しました。

名賀　そう、ボランティア学習って面白いし大切だと私も思います。大阪V協会での若者プログラムでも、若者たちはそれぞれのプログラム実践の中で様々なことを発見し、いろいろなことに気づくんですね。そして、それらの発見や気づきを、ディスカッションなどの仲間たちと共有するプロセスの中で新しい学びを得て、その学びを起点として自身を変化させていくんです。素晴らしいですよね。こうしたボランティア学習はこれからもいろいろな形で続けて行くことが大切だと、その時強く思いました。

●阪神淡路大震災・被災地の人々を応援する市民の会

新崎　名賀さんの大阪V協会時代を振り返るとき、若者に対するボランティア学習実践と併せて、1995年に起こった阪神淡路大震災での活動も忘れられません。当時のことを少しお聴かせください。

名賀　1995年1月17日に起こった阪神淡路大震災において、大阪V協会、大阪YMCA、地域調査計画研究所が中心となって、日本青年奉仕協会を始めとする全国各地の多くのボランティア活動推進機関や様々な企業などと連携して「阪神淡路大震災・被災地の人々を応援する市民の会（以下、市民の会）」が立上がりました。この市民の会には延べ2万1千人のボランティアの人たちが参加してくれ、様々な支援活動に取り組んでくれました。ちなみに兵庫県全体では140万人を超すボランティアの人たちが被災地で活動したと言われています。私は、西宮市、神戸市東灘区、芦屋市の拠点で1年余り支援活動に関わりました。

●大阪V協会職員から大学教員へ

新崎　その後、名賀さんは大阪V協会から大学教員に転職することになるのですが、なにか思うところがあったのでしょうか

名賀　そうですね、大学の教員を目指していたわけではなかったのですが、1997年の日本福祉教育・ボランティア学習学会大阪大会以降、つながりのあった神戸大学の松岡広路先生や、京都府社会福祉協議会の渡邊一真さんらと共に、ボランティア学習をキーワードにその意義や実践方法などについて様々な議論そして具体化に向けての検討を重ねていくようになりました。大阪V協会で市民学習の大切さを学んだ私は、長らく大阪V協会の担当職員として関わったワークキャンプを題材に「ボランティア学習における周辺支援者の意義と役割」というテーマで、ボランティア学習におけるファシリテーターの在り方をまとめるために大学院に進学しました。稚拙ではありますが論文をまとめることができ、2006年3月に大学院を卒業したあと、ご縁があり華頂短期大学の教員に転職したんです。

●京都ボランティア学習実践研究会での実践研究

新崎　名賀さんの転職のきっかけがよくわかりました。私も、肢体不自由児施設のソーシャルワーカーとして、施設の閉鎖性やボランティア・コーディネーションをとおして、福祉教育・ボランティア学習の重要性を実感し、教員に転職しました。福祉現場の中で実感した福祉課題を実践研究として、真摯に向き合いたいという想いは同じですね（笑）。

名賀　大学には当たり前ですが多くの若者たちが日々通ってくるわけで、私はこの若者たちと一緒に京都の地でボランティア学習実践としてのワークキャンプを実践したいとずっと考えていました。そんな中、2008年2月にあったJVCC（全国ボランティアコーディネーター研究集会）で一つのプログラムを担当させていただいた時に、京都府南丹市社会福祉協議会の松尾勇也さんと出会ったのです。そして、松尾さんを通して南丹市美山町知井地区振興会（地域の自治組織）とつながることになり、知井地区10集落の中にある限界集落と言われる地域でのワークキャンプが2008年9月から始まりました。

　京都でワークキャンプ実践の場を探して、いろいろな地域を訪問している

時もそうだったんですが、地域の人たちの中には外部の人が地域に入っていろいろと活動されることを快く思わない人もいるんですね。知井地区でワークキャンプの話を始めた時も、知井振興会の当時の会長さんから「見ず知らずの都会の若者が来てもな…」という否定的な話もありました。それでも何度も話を重ね、何とか受け入れてもらえました。ところが、第1回目の参加者たちは本当に一生懸命に活動してくれて、地域の人たちからは「思っていた以上に頑張ってくれて助かった。また来てほしい」という声をいただき、活動が継続することになったんです。これまで夏は草刈りや用水路の泥上げ清掃、秋は集落の植樹や用水路清掃、そして冬は雪かきと、様々な集落で暮らす人たちの生活支援にワークというスタイルで関わってきました。

ワークキャンプの若者たちと

　それから15年、コロナ禍で中止した2年間を除き、毎年3回ずっと継続してきました。いま考えてみればあっという間の15年でした。延べで3000名を超える若者たちが参加してくれ、地域貢献と合わせて、参加者同士、参加者と地域の人たちが互いに刺激し合って学び合うボランティア学習の場を続けてくることができました。

●福祉教育・ボランティア学習への想い

新崎　あっという間の時間でした。最後に、福祉教育・ボランティア学習に対する想いをお聞かせください。

名賀　大阪V協会での様々なボランティア学習の実践、そして美山でのワークキャンプ実践、その中にある多くの若者たち、そして多様な地域の人たちとの協働と体験は、その場にいる私たちにいろいろなことを教えてくれました。それらは多様な人たちがそれぞれ当たり前に生きることの大切さです。その大切さを学ぶ機会を得ることができるのが、ボランティア学習であり、福祉教育だと実感しています。これからも身体が動かなくなるまで、ワークキャンプの実践に関わり続けていきたいと思っています。

　ありがとうございました。

新崎　今日は、久しぶりに名賀さんとゆっくりお話ができて本当に嬉しかったです。お互い、70歳を間近に控えて（笑）アクティブシニアとして頑張っていきましょう！ We can do it.

　ありがとうございました。

学校でアプローチする「ふくし」探究学習

奥山留美子

● profile
おくやま・るみこ
東北文教大学非常勤講師、日本福祉教育・ボランティア学習学会特任理事、元・山形県公立高等学校校長。

心身ともに成長する子どもたち、成長に欠かせない学びの場が学校である。家庭という小さな単位の中で過ごした子どもが、少しずつ自分の世界を広げていく過程の中で、地域に目を向け、社会との接点に気づき自らの存在価値を高めていく。『生きる力』をつけるねらいで、今、学校では学び方の転換が図られている。それが探究学習である。

ふだんのくらしの中にある課題に児童・生徒が気づき、自らの持てる力を駆使して解決しようとするプロセスを重視した学習方法といえる。学校では教室内に留まらず、様々な社会資源や地域と協働した探究学習が、学校の実態に即し多彩な切り口で展開されている。本号では、探究学習を様々な視点から捉えた論考に加え、実践事例を紹介する。

そもそも学校では、社会の中で生きていくために必要な〝読み書きそろばん〟に始まり、系統的に教科の学習が進められてきた。知識偏重と揶揄されながらも今の日本を牽引している大人の誰もが受けてきた教育である。

しかし、科学技術の目まぐるしい発展やグローバル化の現代において、子どもたちはタッチパネルに触れるだけで何でも検索でき、言葉で問いかけるだけでAIが膨大なデータから瞬時に条件に合致した事項を示してくれる、そんな社会に生きている。便利な世の中と言ってしまえばそれまでだが、遠い異国の人と画面上でやり取りまでできてしまう。他の誰とも関わらずとも進化した機器を相手に過ごすことができる。現代を否定しているわけでは決してない。現代で生きていくからこそ子どもたちの学びを危惧し、人同士の関わりなくして社会に生きていく困難さを危惧するのである。だからこそ、一人として同じではない仲間と一緒に学ぶ学校での学びは、成長途中の子どもたちにとって今まで以上に貴重なものになっていると思う。

10年ごとに改訂されている学習指導要領[※注]が示すように知識伝達型からの脱却を図るべく、主体的に学ぶスタイルが求められている。その方法の一つに探究学習がある。学びの主体である児童・生徒が、自らの興味・関心や自らが持つ問いを「なぜ?」「もっと知りたい」「〇〇の課題を解決したい」を出発点に、学び方を模索していく学習でもある。「〇〇の課題」について考えるには必然的に教科横断的な知識や思考が必要になる。各教科で得る知識が基礎となり、解決するためには様々な人との関わりが求められる。学校では、各教科において探究学習を進めることに加え、一定の時間を定め、各校独自の探究学習に取り組める「総合的な学習（探究）の時間」が位置付けられている。特に高等学校は社会に多くの接点を持ち、自らの進路選択が社会の中で生きる自分に重なる時期である。誰かがどこかで解決する問題ではなく、自分事として課題をとらえていくことに探究学習の意味がある。ふくしの視点といえる。すべての事柄が自らの暮らしにつながっている事実に気づき、何とか解決の糸口を見つけようと実社会に切り込んでいく。実感を伴った学びが新たな課題に向かわせ、さらに深く探究していく。この学びのスパイラルが探究学習のねらいでもある。

多くの学校では探究学習で得た成果を発表会やまとめのレポートという形で残している。これらをみると、今日的な福祉課題に一定数が取り組んでいることに気づく。また、ふだんのくらしを豊かにするためのテーマも数多い。筆者も高校生が取り組んだ探究学習の成果発表会に数多く参加しているが、多様な視点からの探究学習に驚かされている。探究学習を通して高校生自身が社会の担い手になる自覚が形成されていると感じている。

探究学習は良いことずくめのようだが、指導にあたる教師の苦労は計り知れない。教師の役割は問いかけ考えさせること。教え過ぎないように、児童・生徒の主体性を促し、学びの環境を整え、手を出さずに見守る伴走者といったところだ。どのように探究学習を進めるのか模索している教師も多いだろう。本号が少しでもヒントになればと願うばかりである。

◇生徒の瞳が輝くとき

長年、高校の教師として授業を展開する中で、生徒の瞳が輝く時は見逃せない。授業内容に興味を持ち学びのモチベーションが高まる瞬間だからだ。また、それまでできなかったことに挑戦し成し遂げた瞬間もそのときである。さらに、残念な結果だったとしても、取り組みのプロセスの中に思わぬ出会いや関わった人の思いを知り、新たな学びを生徒自身が求めているときも輝きだす。教師にとっても探究学習には大きなチャンスが潜んでいる。探究の手法は授業以外でも効果を発揮する。筆者もこれまで、生徒会活動や担任するクラスの中で、課題を解決しようと必死になって取り組む姿を何度も目にした。

子どもたちの誰もが瞳を輝かせ学べるよう、本号を手に取った大人もつながりあって学びを深めていこうと思う。

※注　文部科学省が学校教育法に基づき、全国どこの地域で教育を受けても一定の水準の教育を受けられるようにするために各学校が教育課程（カリキュラム）を編成する際の基準を定めているもの。小学校、中学校、高等学校等ごとに、それぞれの教科等の目標やおおまかな教育内容を定めている。

高等学校「福祉情報」におけるプログラミング的思考を育む教材の開発とその視点

トランプゲーム「大富豪」を利用したプログラミング教育から

村川弘城

● profile
むらかわ・ひろき
日本福祉大学全学教育センター講師。博士（情報学）。2014～2016年末、秋田公立美術大学に勤務。在職中2016年３月、関西大学博士後期課程修了。2017年１月より現職。普段の生活で培われている力を教育に活かすことを中心に研究。

1　教材開発への想い

普段の暮らしの中で得られる知識や経験、習得されるスキル、醸成される思考力などの様々な能力を、如何に教育の中で活用するのかということに、筆者は注目している。特に、自主的・主体的に一生懸命取り組んでいる際に培われていく能力に着目しており、ゲームを対象に研究することが多い。本稿で取り上げる教材においても、トランプゲーム「大富豪」に勝つ確率を高めるための戦略を考え、その戦略をプログラム上にトレースすることで、学習者を中心としたプログラミング的思考を育む教材を目指している。

2　福祉とプログラミング的思考

プログラミング的思考について文部科学省は、「自分が意図する一連の活動を実現するために、どのような動きの組合せが必要であり、一つ一つの動きに対応した記号を、どのように組み合わせたらいいのか、記号の組合せをどのように改善していけば、より意図した活動に近づくのか、といったことを論理的に考えていく力」[※1]と示している。筆者は、このプログラミング的思考と福祉教育をつなげる視点として、コンテクスト（文脈）と、論理的思考の二つがあると考えている。

まずコンテクストについてだが、日本は、相手の言っていることの文脈や、その空気を読む、ハイコンテクストな文化であると言われている。[※2]具体的にたとえば、固定電話で電話を受け取った時、「村川さん居られますか？」と尋ねられた場合には、『村川さんと話がしたくて、居るなら代わってほしいんだろうな。』と理解し、村川が居るのであれば「村川に繋ぎます」と返事をする。他にもたとえば、「お母さん、喉が渇いた」と言えば、『喉が渇いたから、飲み物をコップに入れて持ってきてほしいんだろうな。』と理解する。このように、ハイコンテクストの文化では、居るか居ないかを聞いてから代わってほしいことを伝えるといった段階を踏まない。そのため、交換する情報が最小限となる。また、直接「お茶を入れて渡してほしい」と伝えないため、命令のように聞こえなかったりといったメリットがある。その一方で、聴く側の解釈の仕方や能力、感覚、文化、価値観などに依存し、情報伝達に齟齬が生じる可能性がある。そのため、ハイコンテクストとは逆のローコンテクストでの説明を必要とする場合も多い。このような説明が上手な人が多い印象にあるのが、保育園や幼稚園の先生と、医療看護、福祉現場の方々である。これらの職場では、対象者の聴く能力が高くなかったり、解釈が異なったりした場合に重大な問題が起こるからであると推察される。ここで、プログラミング的思考について話を戻すが、プログラミングの世界には、詠み人知らずの次のような格言がある。

プログラムは思った通りには動かない。書いたとおりに動く。

　説明すると、プログラムは、こちらの意図を読み取って動いてくれず、また、間違った説明をしても間違った説明の通りに動いてしまうのである。つまりプログラミングで書かれている説明は、究極のローコンテクストの説明であると言える。そのためプログラミングをするためには、条件に漏れなく、他意を含まないような説明をしなければならない。このように、聴く側に依存しないような説明をすることができることを目標の一つとすることで、プログラミング的思考と福祉教育がつながるのではないだろうか。

　次に論理的思考だが、プログラミングは、複雑な問題を、解決することが可能な小さな課題として分割し、筋道立てて整理することで成り立っているという前提がある。そして、福祉現場においても、わかりやすく漏れのない説明には、このような考え方が使われている。例えば上の図は、令和2年に厚生労働省が出した資料[※3]からの抜粋である。ここには、感染の疑いがあった時にどうすればいいのかという問題に対し、時系列と条件、対応策を

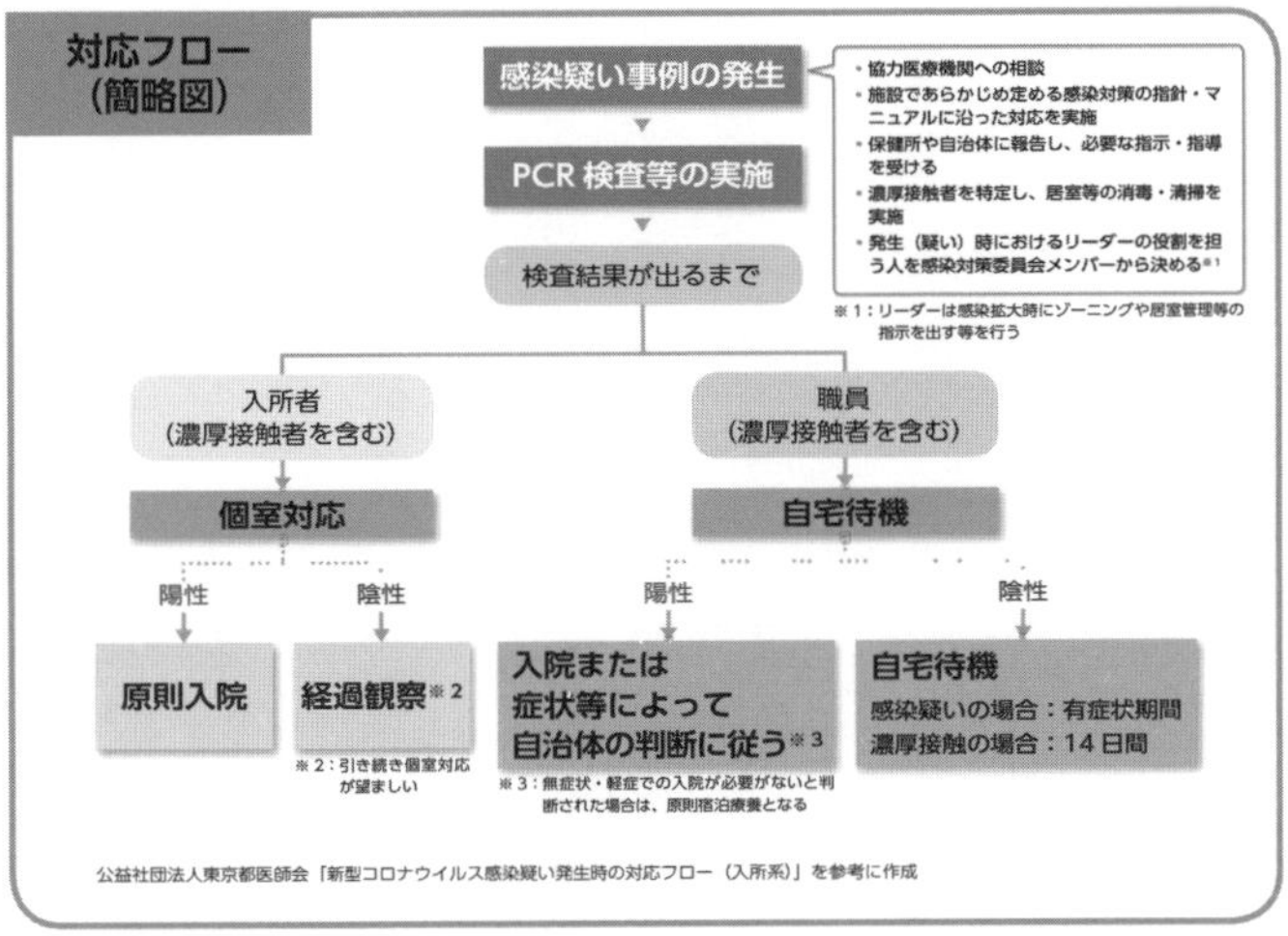

公益社団法人東京都医師会「新型コロナウイルス感染疑い発生時の対応フロー（入所系）」を参考に作成

整理したフロー（流れ）として整理してある。プログラミングでは、筋道立てて整理するために、この図のような、フローチャートという思考ツールを利用することが多い。このため、様々な条件が埋め込まれているような複雑な問題に対し、理解が容易な複数の条件や時系列などで整理することをもう一つの目標とすることで、プログラミング的思考と福祉教育が繋がると言える。

3 「大富豪」の戦略実装プログラム教材

先にも示したが、大富豪の戦略を利用したプログラム教材を開発している。普段培われている能力を利用するという意味で、この大富豪というゲームが非常に優れていたのである。まず、これまでの経験上、8割くらいの受講者（大学生と高校生）が大富豪の経験者であり、その中の大半が普段から遊戯していたことに加え、そのほとんどが、自分なりの何らかの戦略を持っていたのである。例えば、2枚組や3枚組が場に出ていた場合、それより強い2枚組や3枚組しか出せなくなることから、「2枚組や3枚組をできるだけ崩さない」という戦略は、大富豪で遊んでいる人であれば誰でも思いつくものである。この教材では、このような戦略をプログラムしていくことになる。ここからは、教材の流れに従って、これまで示してきたプログラミング的思考や福祉教育とのつながりとともに説明していく。

①他者を意識した説明

「2枚組や3枚組をできるだけ崩さない」という戦略は、一見すると分かりやすいが、実際にこの文章に沿ってゲームを行うことは難しい。これは、「できるだけ」という言葉が人によって解釈が異なるためである。このことを理解するために、この戦略を別の幾人かの友達に伝え、ゲームしてもらう。こうすることで、「できるだけ」という言葉が曖昧で、人によって異なる解釈をしてしまうことに気づくのである。例えば、「相手のカードが3枚以下になったら」崩す人もいれば、「半分以下になったら」崩す人もいたり、「自分よりも2枚以上少なくなったら」崩す人もいたりする。そのため、説明を考え直し、「もし、相手の手札が5より大きいならば、1枚のカードだけ出す。」といった説明に直す必要があるのである。

②コンピューターに通じる説明

人間であれば、「もし、相手の手札が5より大きいならば、1枚のカードだけ出す。」という説明である程度理解できると言える。しかし、この説明にも弱点がある。それは、条件に沿わない場合にどうするのかが明記されていないのである。ここで、沿わない可能性のある条件は2つある。それは、「出せる1枚のカードがない時」と、「相手の手札が5以下になった時」である。「出せる1枚のカードがない時」、多くの人間であれば、「パスをする」と考えるかもしれないが、「2枚組を崩してもいい」と考える人もいるかもしれない。「相手の手札が5以下になった時」、多くの人は、「好きに出せる」と考えるかもしれないが、「1枚のカードは出せない」と考えてしまう人もいるかもしれない。誰にでも、そしてコンピューターにも通じる説明をするためには、「そうでないならば」といった、すべての条件を網羅的に示す必要があるのである。そのために、フローチャートを使って考えるのである。

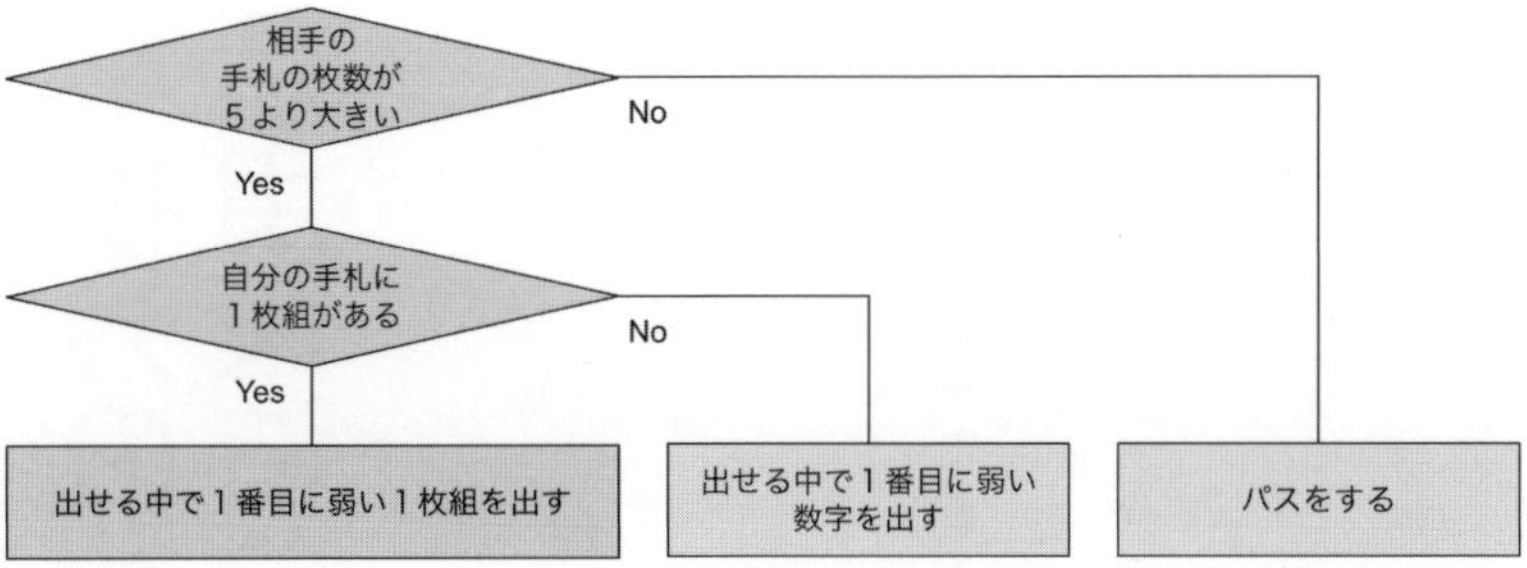

上の図は、フローチャートを使って網羅的に条件を示したものである。フローチャートを使うことで、どこに条件の漏れがあるのかを発見することができる。

③プログラミングの実行

条件がすべて網羅されたフローチャートが完成すれば、プログラミングで実装することはさほど難しくはない。これまでの受講生の多くは、自分の考えた戦略が本当に勝つ確率を高めるのか、どう修正すればより強くなるのかといった、課題の切り分けと修正に力を費やしていたように思う。

4 プログラミングの価値理解と福祉情報

本教材においては、自らが考えた戦略をプログラムし、それを実行させる際に、5000試合を自動で処理させるように設定している。つまり、自分が考えた戦略が本当に勝つ確率を高めるのかを5000試合かけて判断することができるのである。人間であれば、一つの戦略が強いか否かを判断するために何十試合も実行することは難しい。相手の考え方も変わるし、自分も同じ戦略だけを使って何度も戦うのに飽きてしまうからである。しかし、コンピューターであれば、それを短時間で難なくこなしてしまう。5000試合も10分ほどで文句も言わず終わらせてしまうのである。これがコンピューターに頼る一つの意味でもあると言える。

聴く側に依存しない形での説明をする力、そして、問題の分割と修正をする力、このようなプログラミング的思考を育むとともに、人間とコンピューターの強みの違いについて気づき利用することができるようになることから、プログラミング教育が福祉教育に良い影響を与えると期待している。

※1：文部科学省（2016）「小学校段階におけるプログラミング教育の在り方について」（平成28年6月16日）
※2：エドワード・T・ホール（1979）『文化を超えて』TBSブリタニカ
※3：厚生労働省（2020）「障害福祉サービス施設・事業所職員のための感染対策マニュアル」（18ページ）

学校外の社会資源の効率的な活用策について

「探究的」な学びを進めるコーディネーターの重要性

梶野光信

● profile
かじの・みつのぶ
東京都教育庁主任社会教育主事
博士（教育学）。2001年度から社会教育行政の専門職の立場から学校との連携・協働に取り組み、都立高校との間で様々なプロジェクトを企画・実施している。

1 「囲い込み」型組織としての学校

組織論の研究者である太田肇が著書『囲い込み症候群～会社・学校・地域の組織病理～』（ちくま新書、2001年）の中で、学校を実社会とは隔絶した「囲い込み組織」の典型と評しているように、学校は、近代公教育の成立以降、外界から遮断され、自己完結的に教育活動を展開する組織として機能してきた。

1980年代に入り、生涯学習社会という用語が巷間に広がってきた中で、臨時教育審議会等から「開かれた学校」論が登場してきた。しかし、これも学校の外にいる者たちからの提案であり、学校が内発的に地域や社会に自ら「開く」きっかけにはならなかった。

21世紀に入り、ようやく学校自身がその殻を打ち破らざるを得ない状況が生じた。それは、2000（平成12）年から学校に導入された総合的な学習の時間」である。

この時間は、国際化や情報化をはじめとする社会情勢の変化を踏まえ、子どもたちが自ら考える力（生きる力）の育成を目指し、教科の枠を超えて、教科横断的に学習を行うことを目指していた。そこでは、体験学習や問題解決学習、そして学校・家庭・地域の連携・協働を通じた実社会での学びが重視されていた。

総合的な学習の時間の導入は、福祉教育関係者のみならず、地域社会やNPOそして、企業等といった実社会の中で活動を展開する関係者に歓迎され、多くの機関や団体が学校教育との連携を期待した。

ところが、2003（平成15）年のいわゆる「PISA

ショック」により、ゆとり教育から学力向上路線への政策転換が行なわれたことを機に、総合的な学習の時間への教育関係者の関心は急激に低下し、一部の学校を除いて総合的な学習の時間の取組も積極的に取り組まれることは少なくなり、「子どもたちの教育支援を行いたい」という学校外の人々の熱い思いが成就する機会はごく一部に留まっていた。

2 地域教育プラットフォーム構想

第5期東京都生涯学習審議会（大橋謙策会長）は2005（平成17）年1月の答申の中で「地域教育プラットフォーム構想」を提案した。地域教育プラットフォームとは、①地域に蓄積された社会資源の有効活用を図るための情報基盤整備を行う、②住民のネットワークから得た多様な情報や人材を結集して、地域の教育課題の解決を図る、③地域で展開されるさまざまなプロジェクトをつなぐ役割を担うことで、複合的な事業展開を可能にするなどの機能をもった地域における総合的な教育支援を行う中間支援の仕組みである。

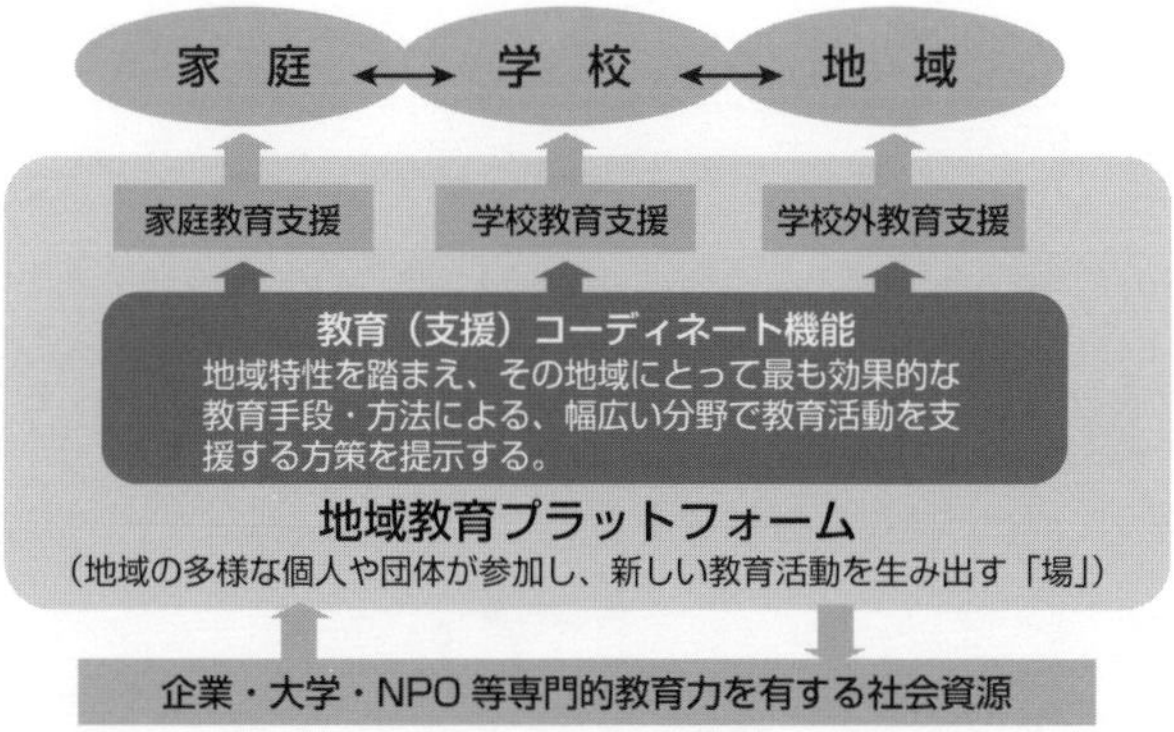

一定の地域（エリア）において、学校・家庭・地域が協働し、子どもの育成・教育活動に取り組んでいくための共通の土台を形成する場

図1 地域教育プラットフォーム構想

この答申を受け、東京都教育庁は、2005（平成17）年8月に、東京都レベルの教育プラットフォームである「地域教育推進ネットワーク東京都協議会」（以下、ネットワーク協議会という。）を設置し、教育支援を希望する企業や大学、NPO等とのネットワークづくりを開始した。（2023年4月現在、600を超える企業・団体がこのプラットフォームのメンバーとなっている。）

本稿では、ネットワーク協議会の事務局を務めた筆者をはじめとする社会教育主事が取り組んできたプロジェクトの紹介を通じて、学校と地域・社会の連携・協働を効果的に進めるためのいくつかのヒントを提示したい。

3 プラットフォームを通じた教育実践コミュニティの形成

筆者が取り組んだのはネットワーク協議会のビジョンづくりである。具体的には、企業・NPO等とのネットワーク化をどのように図るか、その戦略づくりである。

そこで参考にしたのが、エティンヌ・ウェンガーらが『コミュニティ・オブ・プラクティス』（翔泳社、2002年）

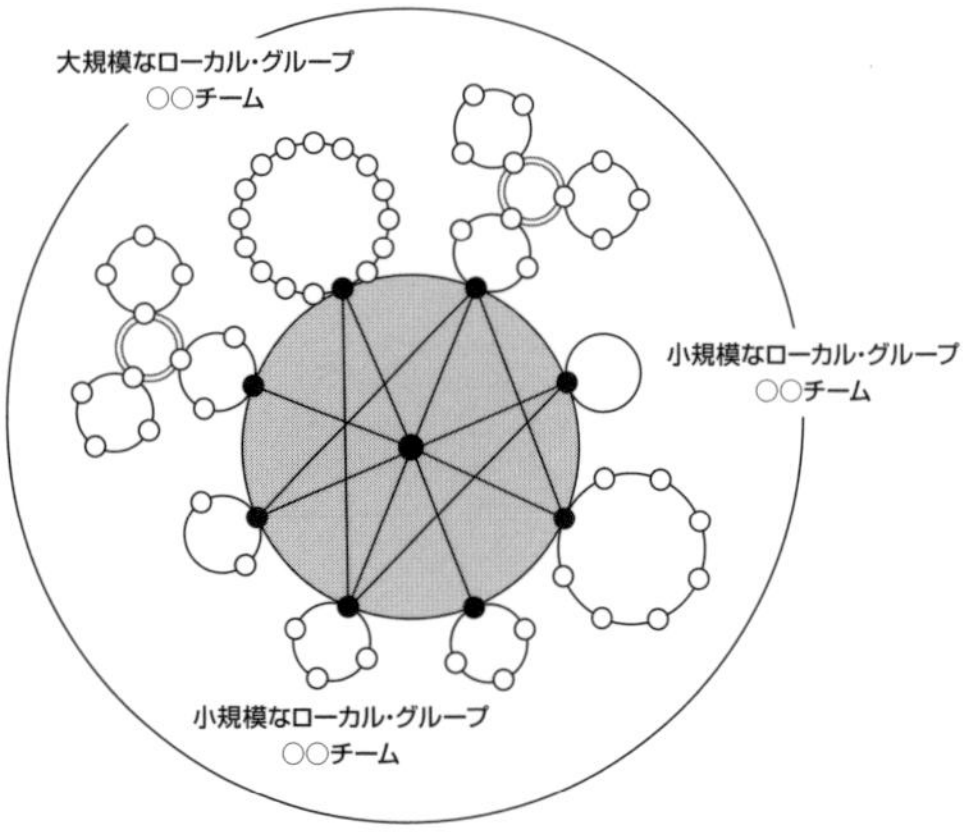

図2　ネットワーク社会のフラクタル構想
出典：E. ウェンガー（2002）p.194

で描いたネットワークコミュニティのフラクタル構造の図である（図2）。この考え方を拠り所に、地域社会、企業、ＮＰＯといった各々のコミュニティにいるコーディネーターとの間のコネクションづくりを進めた。具体的には、第5期東京都生涯学習審議会委員のメンバーである渋谷区で子どもの居場所づくり（渋谷ファンイン）を進めていた相川良子氏、杉並区で学校教育コーディネーターを務めていた生重幸恵氏（現：ＮＰＯスクール・アドバイス・ネットワーク理事長）、そして、（公社）経済同友会の事務局で担当執行役を務めていた太田篤氏らと社会教育主事（筆者）がコアメンバーとなった。そこで「学校に良質の学校外の社会資源を導入する」というミッションを共有し、相川氏や生重氏と関わりがあった人々（企業人・ＮＰＯ関係者）、太田氏から紹介された企業関係者、加えて社会教育主事が信頼できる（我々のミッションの趣旨に共感できる）と考えた学校管理職、教員、そして教育行政関係者に、各々が声をかけ、ネットワーク協議会のコアグループづくりを進めた。つまり、「ミッションの共有」「信頼」を媒介として、草の根的にネットワーク化を図ったのである。このコアグループのメンバーをインフォーマルに固めた上で、２００５年８月にネットワーク協議会を設立したのである（会長は、教育庁次長とし、副会長には、経済同友会の学校と企業・経営者の交流活動推進委員会の委員長を選任した）。

その後、ネットワーク協議会は、会員メンバーによる紹介、東京都生涯学習ＨＰ等を通じた公募などの方法で企業・大学・ＮＰＯのネットワーク拡大を図るとともに、学校での外部社会資源を活用した授業づくりにも取り組みはじめた。

こうした取組の成果は、東京都が実施する教育支援コーディネーターフォーラム（２０１８年からは地域学校協働フォーラムに名称変更）を通じて、地域に還元、普及されることとなる。

4　都立高校に「実社会の風」を吹き込むために

ネットワーク協議会の力が最も発揮されたのは、「企業・ＮＰＯ等と連携した都立高校生の社会的・職業的自立支援教育プログラム事業」（以下、自立支援教育プログラム事業という。）においてである。

この事業は、ネットワーク協議会の加盟団体が都立高校で実施する総合的な学習の時間（2022（令和4）年度から、総合的な探究の時間）で活用可能なプログラムを開発し、それを都立高校に提供するというものである。

自立支援教育プログラム事業は、東京都教育委員会が2012（平成24）年2月に策定した「都立高校改革推進計画・第一次実施計画」に盛り込まれ、本年で11年目を迎える取組である。

東京都生涯学習課が事業の趣旨（東京都教育委員会が目指す施策の内容）をネットワーク協議会の加盟団体に伝え、それを踏まえて各団体が自らの団体の特性を活かし、都立高校生向けのプログラム（SDGs、キャリア教育、コミュニケーションワークショップ、多文化共生、金融経済教育等）を作成する。その内容を社会教育主事が学習指導要領や東京都教育委員会が目指す施策の内容に合致するのかを確認した上で、都立高校にプログラムを提供するものである。プログラム内容に社会教育主事が関与するのは、東京都教育委員会が承認したプログラムであるという意味を付与するためであり、このことにより、学校側に安心感を与えるという狙いがある。

このようなプロセスを経て提供されたプログラムは、2023（令和5）年度で、61団体、提示プログラム数は164に上る。このプログラムの中から各都立高校が自校の総合的な探究の時間の教育計画に合致したプログラムを生涯学習課に申請できる仕組みとなっている（導入予定校数151校）。

また、このプログラムの他に、2023（令和5）年度からは、都立総合学科高校の2校において、「総合学科高校におけるNPO等と連携した社会人基礎力向上事業」が新たに実施されることとなった。

この事業は、教育支援NPOが総合学科特有の学校設定科目である「産業社会と人間」のカリキュラムづくりや「課題研究」に取り組む個々の生徒の学びをサポートするとともに、放課後や土日、長期休業期間を使った社会参加プロジェクト(Project Based Leaning)を高校生自身が企画し、それをNPOがサポートするという事業である。

5　コーディネーターの重要性

これらの事業は、すべてネットワーク協議会という教育プラットフォームから生まれたものであるが、効果的に事業を実施する上で欠かせない存在がコーディネーターである。東京都の場合は、教育行政の専門的職員である社会教育主事がその任を担ってきた。学校という排他的で独自の組織文化（教員文化）との間で未来を担う子どもたちを育てるという問題意識を共有し、教育実践を創り出していく上で不可欠なのは、学校・教員が有する言語と学校外の社会資源のメンバーが有する言語の双方を理解し、適切な翻訳を瞬時に行えるスキルを有したコーディネーターなのである。

「社会に開かれた教育課程」が培う地域学習の効果

公民館を媒介にした社会関係資本との循環的相補性をめぐって

山田一隆・石原光彩

● profile
やまだ・かずたか
東海大学文理融合学部教授。サービス・ラーニングの実践におけるステークホルダーの評価に関する研究に従事。
いしはら・みさ
株式会社学研ココファン。サービス付き高齢者向け住宅のケアワーカーのかたわら、地域協働学習における関係者の社会関係資本の感覚に関する研究に従事。

1　はじめに

こんにち、わが国の学校教育の教育課程において、「社会に開かれた教育課程」の実現が称揚されている。２０１６年12月28日付中央教育審議会答申「幼稚園、小学校、中学校、高等学校及び特別支援学校の学習指導要領等の改善及び必要な方策等について」において、学習指導要領等改定の基本的な方向性が示されている。「社会に開かれた教育課程」を実現するために示された3つの要素のうち、本稿では、とくに、「教育課程の実施に当たって、地域の人的・物的資源を活用したり、放課後や土曜日等を活用した社会教育との連携を図ったりし、学校教育を学校内に閉じずに、その目指すところを社会と共有・連携しながら実現させること。」に着目し、学校と地域が連携・協働し合い、次世代育成を行うことが推進されている実践を取り上げる。学校と地域が連携・協働し合うということは、学校現場には、教師と児童・生徒たちの間の学習活動だけではなく、地域の人々も含めた学習活動が展開されることになる。具体的には、中国地方の小都市近郊の小規模校において、地域学習活動を経た児童について、社会関係資本の感覚と地域学習活動の学習効果についての２０１９年度に実施した質問紙調査の結果を用いて、探索的に因果関係を観察し、考察を行う。なお、本稿でいう「社会関係資本の感覚」とは、露口ら（２０１３年）が提示した子どもにおける社会関係資本の調査項目に、ロバート・パットナムによって提案されている「互酬性の規範」「ネットワーク」「信頼」の3つの要素を重ね合わせて整理したものである（表1）。「感覚」としたのは、学習活動を通して学習者が習得したと感じていることを、質問紙調査によって間接的に観察した結果であることに対する留保の意味がある。

地域学習に期待される学習成果			
論理的思考			
	47 自分の考えに理由をつけて話すことがありますか。		
	48 友だちの考えと同じところやちがうところを見つけながら話し合うことがありますか。		
合意形成			
	49 自分とはちがう意見もよく聞き、一番よい方法を選ぶことがありますか。		
	52 一人で考えるより友だちと話し合うと、よりよい考えがうかぶと思いますか。		
多文化理解			
	50 自分の考えとはちがう意見も最後までよく聞きますか。		
	51 意見がちがう人とも協力して活動しますか。		
	53 自分の周りの人たちは、いろいろな意見や考えをもっていると思いますか。		
自己主導学習			
	54 学校の授業で学習したことは普段の生活や大人になったときに役に立つと思いますか。		
	55 自分にはよいところがあると思いますか。		
市民性			
	56 地域の人々からお世話になっていると思いますか。		
	57 今、住んでいる地域が好きですか。		
社会関係資本(SC)の感覚			
子ども間SC			
	58 自分は、友だちや周りの人のために役に立ってると思いますか。	ネットワーク	
	23 いつも友だちと協力し合って行動していますか。	規範	
	59 友だちといっしょにいると安心できますか。	信頼	
子ども－学級SC			
	60 学級では、自分がこまっていたら周りが助けてくれますか。	ネットワーク	
	61 担任の先生は、話をよく聞いてくれますか。	規範	
	22 担任の先生は、自分のことを大切に思ってくれていますか。	信頼	
子ども－地域SC			
	62 登下校のとき、近所の人にあいさつをしていますか。	ネットワーク	
	21 地域の人と、地域や学校でいっしょに活動したいと思いますか。	規範	
	63 今住んでいる地域に貢献できるような大人になりたいですか。	信頼	

表１　学習成果と社会関係資本の感覚 20 項目
（設問番号と設問文の対照表）

２　地域協働学習実践の概要

本稿で取り上げるのは、岡山県笠岡市の市立新山小学校と市立新山公民館との連携・協働による地域協働学習実践である。同小学校、公民館が立地する新山地区は、笠岡市中心部から北東7㎞、車で20分ほどのところに位置する人口約１０００人の集落である。新山小学校は、近隣小中学校との統廃合の対象となっており、２０２２年度の児童数は54名であり、3、4年生が複式学級となっている。新山公民館は、地域の社会教育の拠点として自主事業に取り組むほか、岡山大学等の地域外の資源との接点となって、地域づくりの拠点としての機能も果たしている。これらの独自の取組に対して、２０２２年度文部科学省優良公民館表彰を受けている。

同小学校と同公民館の連携・協働の実践の起源は定かではないが、現公民館長の山本昭夫氏が着任した２０１２年度の時点では、すでに始まっていたといい、少なくとも10年以上の蓄積がある。連携対象となる学校教育活動は、1、2年生に生活科、3年生以上に総合的な学習の時間（同小学校では「チャレンジタイム」と称する）である。児童の具体的な活動内容は、1、2年生はサツマイモの定植から収穫までの栽培活動、3年生は昔の生活体験や干し柿づくり、4年生は高齢者施設見学、点字体験、ボランティア体験、5年生は育苗から餅つきまでの稲作体験、6年生は郷

図１　児童が作成した「壁新聞」
（5年生、餅つきを終えて）

土の歴史と日本の伝統文化体験、などとなっている。新型コロナ禍以前の２０１９年度以前は、年度末に保護者や地域住民を集めた活動報告会を実施していたが、２０２０年度以降は、活動ごとに児童が「壁新聞」（図１）を発行することで、活動のリフレクションが行われている。

3　地域協働学習を通した学習効果

新山小学校の3年生から6年生までの全児童に対して、地域学習に期待される学習成果および社会関係資本の感覚の項目について調査を実施した。

学習活動後の調査結果からは、地域学習に期待される学習成果と社会関係資本の感覚の計20項目のうち、19項目が他の項目と何らかの因果関係を結んでいた。また、地域学習に期待される学習成果の相互間の因果関係は4、社会関係資本の感覚の相互間の因果関係は4、学習成果と社会関係資本の感覚との相互間は11であった（図2）。

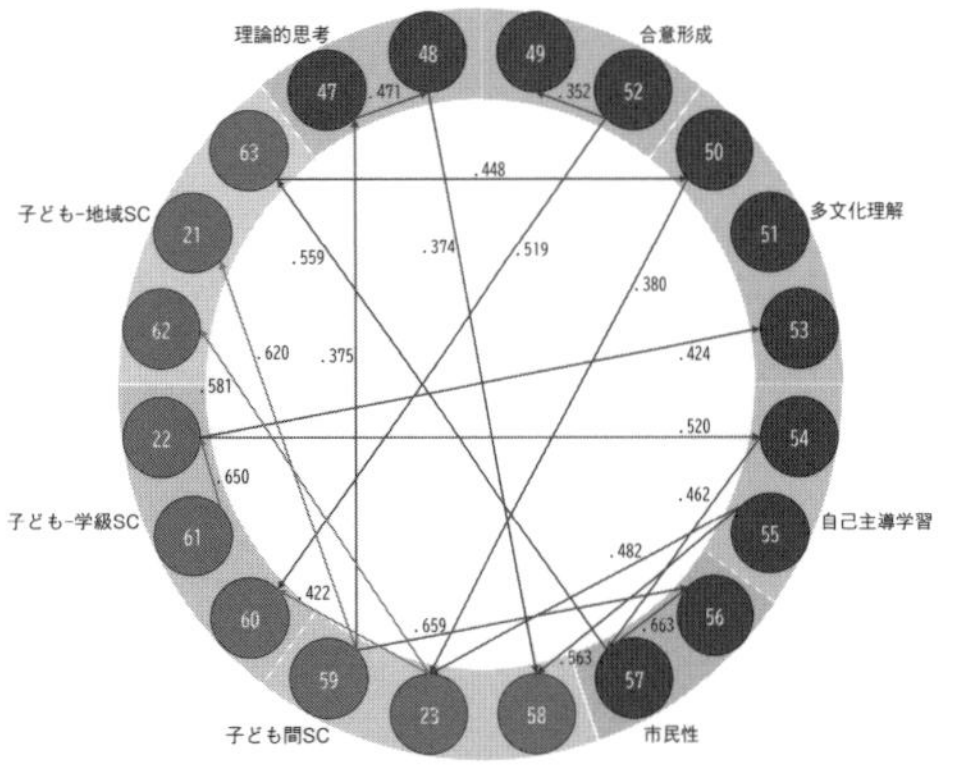

図２　学習活動後の因果関係モデル

社会関係資本の感覚↓学習成果の因果関係では、担任の先生が自分のことを大切にしてくれている感覚があれば、自分の周りの人たちは、いろいろな意見や考えをもっていたり、学校の授業で学習したことは普段の生活や大人になったときに役に立つと考えたりするようになること、友だちといっしょにいると安心できる感覚があれば、自分の考えに理由をつけて話すことができたり、地域の人々からお世話になっていると考えるようになること、今住んでいる地域に貢献できるような大人になりたい感覚があれば、自分の考えとはちがう意見も最後までよく聞くことができるようになること、がそれぞれ示唆される。

また、**学習成果↓社会関係資本の感覚の因果関係**では、今住んでいる地域が好きだという認識があれば、今住んでいる地域に貢献できるような大人になりたいという感覚が、自分にはよいところがあるという認識があれば、いつも友だちと協力し合って行動しているという感覚や自分が友だちや周りの人のために役に立っているという感覚が、友だちの考えと同じところやちがうところを見つけながら話し合うことができれば、自分が友だちや周りの人のために役に立っているという感覚が、一人で考えるより友だちと話し合うとよりよい考えが浮かぶとの認識があれば、学級では、自分がこまっていたら周りが助けてくれるという感覚が、自分の考えとはちがう意見も最後までよく聞くことができれば、いつも友だちと協力し合って行動しているという感覚が、それぞれ醸成されることが示唆される。

4 考察

学習活動後の調査結果では、社会関係資本の感覚→学習成果→社会関係資本の感覚、という循環的な因果関係がみられた。

社会関係資本の感覚が学習成果に与える影響としては、「子ども－学級SC」→「自己主導学習」や「市民性」であり、教室での安心感が地域への関心や理解に寄与していることがあげられる。2022年度の児童のふりかえりの「壁新聞」の記載からは、「今は、オーブントースターでやけるけど、昔は、すごくかんたんではないことが分かりました。」(3年生)、「初めてもちつきをして、最初は意外と簡単だと思っていたら、けっこうむずかしかったです。また名人の人たちと協力して頑張りたいです。」(5年生)といった記載がみられ、教室外での学習活動が、学級の雰囲気に変化を与え、児童たちのチームワークが高まっているなかで、これまでの学習活動を参照したり、地域の人と再び活動したい意向が表明されたりしているといえる。

学習成果が社会関係資本の感覚に与える影響としては、「多文化理解」→「子ども間SC」、「合意形成」→「子ども間SC」や「子ども－学級SC」、「自己主導学習」→「子ども間SC」や「子ども－学級SC」で、教室における民主的な環境に対する認識が、子ども同士の安心感や利他的な感覚の醸成に寄与していることが示唆される。同「壁新聞」の記載からは、「ほかの食べ物でもほすことができるのかなと思いました。(中略)来年は、今の2年生に教えてあげようと思います。」(3年生)といった記載がみられ、これまでの学習活動を参照し、それを子どもどうしで教え合いたいという気持ちを抱いたことが表明されているといえる。

そして、これらの影響間の関係は循環的であり、相補的でもあるのである。

さらに、これに関わる地域住民の反応や変化にも注目すれば、児童たちに「名人」と称される外部講師たる地域住民は、自身の経験を語り、示すだけでなく、児童の体験学習活動を指導、支援するにあたって、サツマイモ栽培や、干し柿づくり、昔の生活、稲作について改めて調べ、児童のための教材を主体的に作成するなどしており、自身の地域生活を省察する契機にもなっている。また、地域協働学習実践のキーパーソンといえる前述の山本氏自身も、コーディネート活動を通して、『日々学びがあり、「名人」に依頼する際にも、「この人ならば」という方が何人も地域にいる。しかし、「名人」たちの高齢化は避けられず、後継者の育成が、自分自身の課題でもある』といい、自身に地域の生活課題と結び付けた社会教育的学習課題を課している。

このように、「社会に開かれた教育課程」による地域協働学習の実践は、児童たちへの学習効果と社会関係資本の感覚の涵養の循環的、補完的影響を与えるだけでなく、そこに関わる地域住民の学習活動の契機としても機能しうるのである。

「ふくし」探究学習のためのカリキュラム・マネジメント

学習指導要領における取扱いと生活科及び総合的な学習の時間を核とした実践を探る

村川雅弘

● **profile**
むらかわ・まさひろ
甲南女子大学教授。鳴門教育大学名誉教授・客員教授。文部科学省の研究開発学校企画評価委員等、各種委員を歴任。日本カリキュラム学会等、3つの学会の理事。

1　学習指導要領における「ふくし」の扱い

まず、小・中学校の学習指導要領において福祉に関する内容はどのように扱われているかを見ていきたい。

小学校社会科5年では、「内容⑷　我が国の産業と情報の関わり」の内容の取扱いに関して、「情報や情報技術を活用して発展している販売、運輸、観光、医療、福祉などに関わる産業の中から選択して取り上げること」と記されている。

中学校社会科に関して、扱いが大きいのは〈公民的分野〉の「D　私たちの国際社会の諸課題」の「⑴　世界平和と人類の福祉の増大」である。「ア (ア)　世界平和の実現と人類の福祉のためには、国際協調の観点から、国家間の相互の主権の尊重と協力、（中略）が大切であることを理解すること。（後略）」と示されている。

小学校家庭科においては、「福祉」という文言は出てこないが、「A　家族・家庭生活」の「⑶　家族や地域の人々との関わり」の中で「家庭生活は地域の人々との関わりで成り立っていることが分かり、地域の人々との協力が大切であることを理解すること」と記載されている。

中学校技術・家庭科では、〈家庭分野〉の「2　内容」の「A　家族・家庭生活」の「⑶　家族・家庭や地域との関わり」の中で「ア (イ)　家庭生活は地域との相互の関わりで成り立っていることが分かり、高齢者など地域の人々と協働する必要があることや介護など高齢者との関わり方について理解すること」との記述がある。そして、この内容を取扱う際の留意事項として「高齢者の身体の特徴についても触れること。また、高齢者の介護の基礎に関する体験的な活動ができるよう留意すること」と述べている。

総合的な学習の時間においては、第2の「3　各学校において定める目標及び内容の取扱い」の中で「(5)　目標を実現するにふさわしい探究課題については、学校の実態に応じて、例えば、国際理解、情報、環境、福祉・健康などの現代的な諸課題に対応する横断的・総合的な課題（中略）、を踏まえて設定すること」と表記されており、福祉の内容を扱うか否かは各学校の判断に委ねられている。小中、共通である。

小・中学校の学習指導要領で部分的だが触れているのは社会科と家庭科及び技術・家庭科である。しかし、情報化との関連（小学校社会科）や国際協調の観点（中学校社会科）、高齢者介護の視点（中学校技術・家庭科）での扱いに止まっている。各学校に判断には委ねられているものの福祉を正面から取り上げているのは、総合的な学習の時間である。

2　生活科教科書における「ふくし」の扱い

小学校学習指導要領には記載はないが、低学年生活科の教科書では福祉にかかわる内容が意識的に扱われている。

例えば、東京書籍（2020年度版、以下同様）の上・下巻にわたって登場する女児は、車椅子を利用している。校外学習においても、付き添う教員の補助により健常児と同様の活動を行っている。教育出版や啓林館、日本文教出版も同様の工夫がなされている。

東京書籍の公園の場面においては、車椅子を使用している高齢者との交流が描かれている。公共図書館に車椅子利用者が複数登場したり、街のイラストには盲導犬を連れた視覚障害者が登場している。啓林館や日本文教出版も同様である。

東京書籍の「まちのくふう」のページでは、多機能トイレや音響用押しボタン、ほじょ犬や「おなかにあかちゃんがいます」などの表示等を紹介している。教育出版も「介助犬同伴可」「だれでもトイレ」等、啓林館は「赤ちゃんの駅」や「あいうえお順点字運賃表」等、日本文教出版は「いろいろな町のくふう」で「ひつだんができる場所」やポストや自動販売機、シャンプーやリンスのボトル等の点字を紹介している。

各社ともに、車椅子利用者や視覚障害者等に対する理解や配慮について紹介し、その意識付けを図ろうとしている。

3　総合的な学習の時間における「ふくし」の扱い

2でも述べたように、総合的な学習の時間では、各学校の判断により福祉の内容を取り入れている。

小学校及び中学校の『解説　総合的な学習の時間編』（文部科学省、平成29年7月）からもう少し掘り下げてみる。

国際理解や情報、環境、福祉・健康などの現代的な諸課題に対応する横断的・総合的な課題、地域の人々の暮らし、伝統と文化など地域や学校の特色に応じた課題、児童生徒の興味関心に基づく課題の何れであっても、学校が「探究課題」

を設定することが求められている。

特に、福祉等の横断的・総合的な「探究課題」に関しては「社会の変化に伴って切実に意識されるようになってきた現代社会の諸課題」「持続可能な社会の実現に関わる課題」「現代社会に生きる全ての人が、これらの課題を自分のこととして考え、よりよい解決に向けて行動することが求められている」「正解や答えが一つに定まっているものではなく、従来の各教科等の枠組みでは必ずしも適切に扱うことができない」としている。小中、共通である。

内容の設定に関して、例示として福祉を取り上げ、「高齢者や障害者にとってよりよい介助や支援の仕方は、障害の種類や程度、その人の身体の状態やその日の体調などによっても大きく変化することを経験する。しかし、更に様々な人に対する介助や支援を経験する中で、そこに一人一人の状況に応じた配慮が求められるということ（個別性）に気付くとともに、状況は異なっても常に留意しなければならないこととして，相手の立場に立ち，相手の気持ちに寄り添うことが大切であるという本質的な理解に結び付く。（後略）」とかなり踏み込んで解説を行っている。小中、共通である。

中学校の解説書では、年間指導計画の作成例として、福祉を中心に取り上げ、「⑴　生徒の学習経験に配慮すること」の中で「例えば、小学校段階で高齢者の福祉施設を訪問し、交流活動を行ってきた生徒の場合は，様々な立場から高齢者の福祉について考え、現実の中に起きている福祉の問題をより深く理解していく。そこでは、幅広く多面的に高齢者の生活やそれを支える人々について考えたり、福祉の現状や問題点などについて追究し、自己の生き方を考えたりする学習活動などが考えられる。このように類似の活動を繰り返す場合には、学ぶことが期待される内容が当該学年の生徒に合致しているか，繰り返し取り組むことによる学習の質的な高まりがあるか，などについて十分な検討を行うことが必要である」と極めて具体的に配慮事項を示している。

4　総合的な学習の時間における好事例

総合的な学習の時間が創設されたのは1998年の改訂であるが、筆者はそれ以前から試行的な取組にかかわっている。印象に残っている事例を紹介する。

横浜市の小学校6年生が障害のある人との交流を継続する中で、障害者に対する思いの差が広がり、一部の児童から「なぜそこまでしか理解できないのか」と強い指摘があった。学級担任が収拾に困った時、ある児童が「同じようにかかわっても気持ちに差が出てくるのは悪いことではない」といった発言をした。雰囲気が一気に和らいだのを覚えている。

兵庫県の小学校4年生は、視覚障害者を学級に招き、その人に何をしてあげたいかを話し合っていた。そのゲストは「私の趣味は料理です。特に天ぷらは得意です」と話された。

その時の児童の驚きは大きく、話し合いの方向性が変わった。

福岡県の中学校で目隠し体験をした。生徒の肩に手を置き、恐る恐る歩き、空き缶を蹴って音を立てた時の恐怖は今でも忘れない。その後の講演で「指2本のボランティア」と「指1本のボランティア」の問題を出した。前者は、道に落ちている空き缶やパチンコ玉を拾うこと。後者は「何階ですか」とエレベーターのボタンを押すことである。身近な所からの取組の可能性に気づいた貴重な体験であった。

兵庫県の小学校5年生は地域防災に取り組んでいた。4年での高齢者福祉の学習と繋がり、高齢者一人ひとりに対して避難マップを作成し、一緒に経路を歩き、マップを進呈した。それでもなお「助けに来んでいい」と言う高齢者の気持ちを変えるのにどうすればいいかを真剣に話し合う姿に涙した。

5 「ふくし」のカリキュラム・マネジメント

福祉に関する学習は、小・中学校の今次学習指導要領を分析する限りにおいては、十分に取り扱われているとはいいがたい。総合的な学習の時間の探究課題の一つとして、各学校の判断に委ねられている。

今次改訂においては、カリキュラム・マネジメントの充実が求められ、ⅰ教科等横断的な視点による教育課程編成、ⅱ教育課程の不断の評価・改善、ⅲ人的・物的な体制の確保、の3側面が示されている。原則的には「学校の」カリキュラム・マネジメント」を想定しているが、「福祉」のカリキュラム・マネジメントの充実が考えられる。

①3でも述べたが、福祉も従来の各教科等の枠組みでは必ずしも適切に扱うことができない現代的な諸課題である。生活科や総合的な学習の時間を核に教科等横断的なカリキュラム編成を図りたい。そのために、福祉の視点から各教科等の内容との関連を見直し、最も関連の多い学年を中心に福祉にかかわる単元計画を進めたい。【側面ⅰに関連】

②総合的な学習の時間においては体験的な活動が極めて重要である。福祉に関しても、目隠し体験や車いす体験、妊婦体験は様々な障害のある人を真に理解する上で重要である。また、介護士や盲導犬を育てている人など支援者との交流も意義がある。学校として様々な立場の人との継続的なかかわりが持てるように体制を整えたい。【側面ⅲに関連】

③中学校においては、小学校での総合的な学習の時間との内容や活動の連続性・発展性は重要である。福祉にかかわらず、「同じことの繰り返し」「むしろ、小学校の時の方が時間をかけて深く追求した」という生徒の声は少なくない。同様の探究課題に関して、小学校においてどのような内容や活動を扱ったのかを知っておく必要がある。特に、複数の小学校から進学してくる中学校においては、その課題に関する体験や理解の差があることを念頭に置いて単元計画を立案・実施する必要がある。【側面ⅲに関連】

実践事例①

誰も置き去りにしない 荻窪高校の挑戦

総合支援部の取り組みを中心に

瓦田 尚

● **profile**
かわらだ・ひさし
東京都立荻窪高等学校主幹教諭。早稲田大学教育学部教育学科生涯教育学専修卒業、同大学院教育学研究科学校教育専攻修了。2015年より荻窪高校勤務、総合支援部主任・自立支援担当・特別支援教育コーディネーターを歴任。

概要

昼夜間定時制である東京都立荻窪高等学校は、「誰も置き去りにしない」学校を実現するために、総合支援部という新たな分掌を中心に学校の在り方を問い直し続け、目の前の生徒に対応するとともに、より生徒への支援を深める体制作りや、支援の網を広げる取り組みをすすめている。セーフティネットとしての定時制高校に何が求められ、どこまでそれを実現できるのかの挑戦が続いている。

1 荻窪高校の担任として

荻窪高校で生涯初担任としての入学式を迎えた日、私は黒板に梨木香歩『西の魔女が死んだ』の一節を書いた。

> 自分が楽に生きられる場所を求めたからといって、後ろめたく思う必要はありませんよ。サボテンは水の中に生える必要はないし、蓮の花は空中では咲かない。シロクマがハワイより北極で生きる方を選んだからといって、だれがシロクマを責めますか。

荻窪高校でⅢ部（夜間）の担任を希望した私が受け持ったのは、開設以来となる定員割れでスタートしたクラスであった。多くの教員は初めて経験する三次募集や定員に満たなかったことに後ろ向きな感情や「大変だね」といった同情を感じていたようだが、私は誰も不合格にしなくて済んだことをむしろ喜ばしく思っていたものだった。

「荻窪高校に入学してくれて、Ⅲ部を選んでくれてありがとう。僕はこのクラスが、みなさんにとっての北極になれたらいいなと思っています」…憧れの担任生活が始まった。

始まってみると、私が思い描いていた高校の担任のイメージをあらゆる意味で裏切られる出来事が日々繰り広げられた。入学式に参加できずその後も登校できなかった生徒、なかなか教室に入れず廊下でひたすら声をかけ続けた生徒、なんとか数日はがんばって登校したものの音信不通となった生徒、校外学習で喫煙現場を発見され登校謹慎となった生徒。それ以外にも、生徒の件で頻繁に外部機関から連絡が入り、日々対応に追われることとなった。

あるとき、児童相談所から連絡が入り、これまでの情報共有を行うので会議に出席するよう要請があった。児相の福祉司や心理士、居住区の子ども家庭支援センターやSSW、児童館職員など大勢が参加する会議で、守秘義務の説明に始まり、それぞれの見地からの支援内容の共有や今後の方針が話し合われた。1人の生徒にこれだけ多くの専門家が関わり、チームとして生徒を支援している体制に私は大きく感動を覚えた。と同時に、この状況をもし知らないままに私が生徒に接していたらと考えると、いかに外部機関との連携が重要なのかを痛感したものである。

この他にも、都のユースソーシャルワーカー（YSW）とともに家庭訪問を重ねたり、福祉事務所と連携して生徒の進路を考えたり、さまざまな連携の下、多くの生徒に対応した4年間であった。決して笑顔で見送った生徒ばかりではなかったことは私の力不足であったと後悔しきりであるが、その分、生徒や専門家のみなさんからたくさんのことを学んだ担任生活となった。担任を終える頃には、そんな自分の経験を活かしてなんとか校内体制を整えていきたいと考えるようになった。

2 誰も置き去りにしない

時を同じくして、荻窪高校のスクールミッション冒頭に「誰も置き去りにしない」というフレーズが置かれることとなった。「この言葉が気に入ったので入学しました」という生徒や保護者もおり、涙が出る思いである。

本校は地域のセーフティネットとして多様な生徒が学んでいる（不登校、発達障害、知的障害、被虐待、生活困窮、外国ルーツ、セクシュアルマイノリティなど）。この多様性は近年さらに広がっており、入学者選抜の段階でも別室対応、ルビ付き、辞書持ち込み、時間延長などさまざまな特別措置を実施し、3月末の第三次募集までかけて生徒の入学を待つのがこの数年の流れである。「誰も置き去りにしない」看板は伊達ではなく、本校が第一希望の生徒はもちろん、不登校対応を掲げるチャレンジスクールに不合格となった生徒、中には中卒後数年経って入学をめざした生徒、中学校に1日も登校していない生徒、夜間中学校出身、特別支援教室／学級／学校出身など、あらゆる生徒を包摂しているのが本校の誇りであると私は思う。

とはいえ、多様な生徒を担任だけが支援することは容易ではない。令和3年度より「総合支援部」という分掌を新たに編成した。「しる　きづく　つなげる」をスローガンに、セーフティネット具現化の中心的な役割を果たすことが明示され、多様な生徒への相談支援に加えて、新たな制度として「通級による指導」や日本語指導なども担うこととなっている。分掌内には特別支援教育コーディネーターや自立支援担当、養護教諭などが所属し、スクールカウンセラーやYSWと連携しながら、個人で動くのではなく、分掌として学校全体の動きを取るとともに、他分掌や年次、関係機関等と積極的に協働するような仕組みとなっている。

3 総合支援部の取り組み

総合支援部では校内外と連携した相談支援を行っているが、新たな取り組みも進行中である。

1つめは、校内居場所カフェの開設である。施設が狭隘で1つの教室を午前・午後・夜間と使いまわしている状況の本校では、生徒が授業以外の時間（場合によっては授業に出るのが難しい場合も含む）に安心して過ごせる場所がないことが長年の課題であった。新たな部屋の創出は物理的に困難であったため、夜間給食用の食堂を昼間の時間に「荻高カフェ」として開放している。YSWや外部人材を活用して立ち寄った生徒がおしゃべりをしたりゲームをしたりしながら、放課後や部活動の時間までの空き時間を過ごしている。コロナ対策のためカフェでの飲食を禁止してきたが、今後は飲食の解禁も視野に運営方法を考えていきたい。

荻高カフェ

総合支援部組織図

2つめは、フードパントリーの実施である。本校の目と鼻の先に子ども食堂があり、開設当時から本校の美術部が壁画を描かせていただいたり、本校生徒が利用させていただいたりしてきたが、その「おぎよん子ども食堂」の協力の下、校内での食料配布を行っている。杉並区社会福祉協議会も全面協力してくださり、企業からの寄付食材や、年末年始用の食料パッケージなどを子ども食堂を通して本校にご提供いただいている。食料配布をきっかけに家庭状況の困難さが発覚したケースもあり、活動の意義が高まっている。

日々の相談支援も広がっており、YSWの活用による障害者就労への接続や各種グループホーム入居、医療との連携がすすんでいる。自立支援担当教員によるケース会議の設定や不登校生徒への家庭訪問なども確実に成果を上げている。令和5年度「校内別室指導推進事業」指定校となり、不登校生徒への新たな支援を模索している。

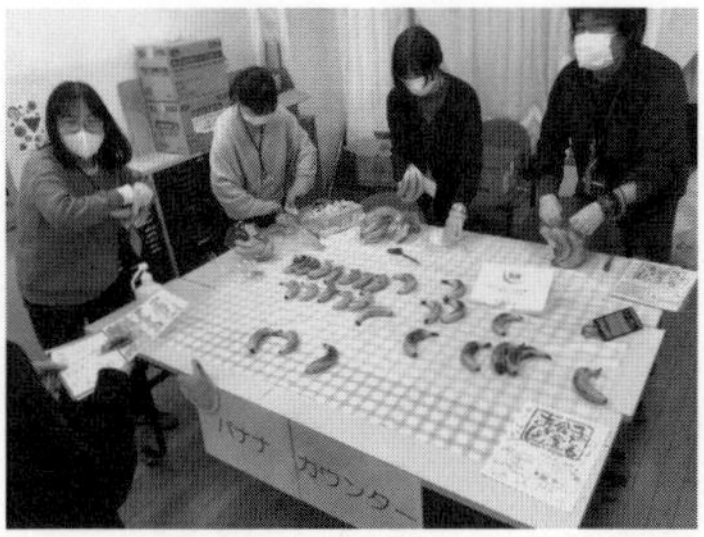
フードパントリー

4 まとめにかえて

担任初期のころ、ある支援者から「福祉は教育に片想い」という言葉を教わった。かつての学校は、もしかしたら学校という組織や教員のマンパワーで1人の生徒を育て上げることができたのかもしれない。しかし、社会や家庭が多様化し、さまざまな困難を抱える生徒が激増している現在にあって、生徒を守り育てるという志を同じくした方々からの片想いに、返事をしないままではいられない。荻窪高校の誰も置き去りにしない挑戦は始まったばかりだが、荻窪高校を多くの生徒にとっての北極にすべく、生徒とともに歩んでいきたいと思う。

インサイト

（編集委員・梶野光信）

私が瓦田さんと出会ったのは、もう8年前のことである。当時の荻窪高校は一人ひとりの生徒を大切にする高校とはお世辞にも言えない高校だった。

その中で一人異彩を放っていた教員がいた。それが瓦田さんだった。彼はつねに様々な課題を抱える生徒に寄り添い続けてきた。

そんな彼の姿勢が同僚や管理職に理解され、「誰も置き去りにしない」というスクールポリシーが誕生した。そして、他校には例のない「総合支援部」という分掌が生まれたのである。

私は瓦田さんの実践が教育界の「バタフライエフェクト（バタフライ効果）」となることを心から願っている一人である。

実践事例②

科学的根拠に基づいた「道徳」教育による生徒の自己肯定感の向上

誰もが「ふだんの・くらしに・しあわせを」感じることができる社会をめざして

織田澤博樹

● profile
おたざわ・ひろき
青翔開智中学校・高等学校 校長
群馬県沼田市出身。電気通信大学大学院修了。大手電機メーカーのシステムエンジニア、キャラクタービジネス業界を経て、青翔開智の立ち上げに設立準備室室長として関わる。2020年度より校長に就任。

概要

道徳教育に科学的根拠（エビデンス）を導入した授業実践を紹介する。生徒の自己肯定感を向上させ、広義な意味での「ふくし（ふだんの・くらしに・しあわせを）」を達成するために道徳の授業改革をおこなっている。エビデンスを基にすることで、教員の経験談のみに依存しない授業となる。各学年の実践例も紹介することで、これからの道徳教育のあり方を提案したい。

1 課題・問い

青翔開智中学校・高等学校（以下、本校）は、2014年に鳥取県鳥取市に開校した私立の中高一貫校である。

本校の建学の精神は「探究」「共成」「飛躍」である。「探究」とは自分だけの能力を磨き上げ社会の課題を自ら発見し創造的に解決する営みのことである。「共成」は我々がつくった造語である。共に生きる「共生」よりも、共に成長することこそが難しく、中高生の学びにつながるだろうと考え「共成」とした。「飛躍」とは変身である。自分が想像もしていなかった新しい自分に生まれ変わろう、という期待を込めた。「ふだんの・くらしに・しあわせを」見出すことができる人財の育成、すなわち広義の意味での「福祉教育」を生徒に提供するためにも建学の精神の達成が不可欠であり、特に「共成」「飛躍」が担う役割は大きい。

さて、日本の若者の自己肯定感の低

さは様々な調査により明らかであり、諸外国の若者と比べてその低さは顕著である。このような日本の国際的課題は、鳥取に位置する本校でも例外なく現れている。土地柄もあるせいか、引っ込み思案な生徒も多く、他者を尊重しすぎる傾向もあり、他者との関わりに不安を抱く生徒もいる。不安をコントロールし、自己肯定感を高め、意欲を増し、社会を自分の力で変えていこうと思える生徒になってほしい。このような考えから、中学「道徳」のカリキュラム刷新と、高校「共成と飛躍」という新しい科目（学校が独自に設定できる科目であり、学校設定科目とよばれる。）の設置に着手した。不安をコントロールするために「レジリエンス（困難や逆境からしなやかに立ち直る力）」をどう育むかをカリキュラム開発の指針とした。

中学校学習指導要領「特別の教科道徳編」によると、道徳科の目標は次のようにある。

> よりよく生きるための基盤となる道徳性を養うため、道徳的諸価値についての理解を基に、自己を見つめ、物事を広い視野から多面的・多角的に考え、人間としての生き方についての考えを深める学習を通して、道徳的な判断力、心情、実践意欲と態度を育てる。

加えて、この目標を達成するための教育内容が次の4つの視点として掲げられている。「A 主として自分自身に関すること」「B 主として人との関わりに関すること」「C 主として集団や社会との関わりに関すること」「D 主として生命や自然、崇高なものとの関わりに関すること」である。このように特別の教科「道徳」でおこなうべき教育の本質を少し垣間見るだけでも「道徳」はむしろ今の時代にこそ必要な科目なのではないだろうか。

とはいえ、「道徳」の授業といえば教科書や読み物を活用した場あたり的なものもみられ、担当教員個人の善悪の判断に任されている部分もあるかもしれない。このことが学校でおこなわれる道徳教育への誤解と批判を招いているのではないか。日本でもようやくエビデンスという言葉が一般化し、これまで以上に科学的根拠やデータの裏付けが必要な社会となった。「道徳」についても、たった一人の教員の人生経験に左右されるのではなく、エビデンスに基づいた教育が必要ではなかろうか。このことから、本校では心理学や脳科学などの知見に基づいた授業になるようにカリキュラム開発の指針を一考した。

2 取組のプロセス

(1) 科学的根拠に基づいた授業のねらい

中学「道徳」ではレジリエンスの基礎を学び、高校「共成と飛躍」ではレジリエンスの基礎を実際に活用した実践的な対話学習をおこなう。

まず、中学各学年の各学期におこなう生徒の目標作りにふれる。「道徳」の目標設定というと「これはやってはいけない」という禁止制限をかける目標設定になりがちであるが、本校ではPBIS（Positive Behavior Interventions and Supports、ポジティブ行動介入および支援）の考えを活用した目標設定をおこなっている。PBISとは、行動分析学の教育実践研究に基づいた考えであり、望ましい行動が増えれば、おのずと望ましくない行動が減るというアプローチをとる。望ましい行動という視点から学級における行動目標と個人における行動目標を設定し、行動の振り返りは毎週おこない、自他でフィードバックをおこなう。「道徳」の視点の一つ「A 主として自分自身に関すること」について科学的に望ましい行動を誘発させ、自己肯定感を向上させる狙いである。

(2) 中学2年「ネガティブ感情への対処」の授業

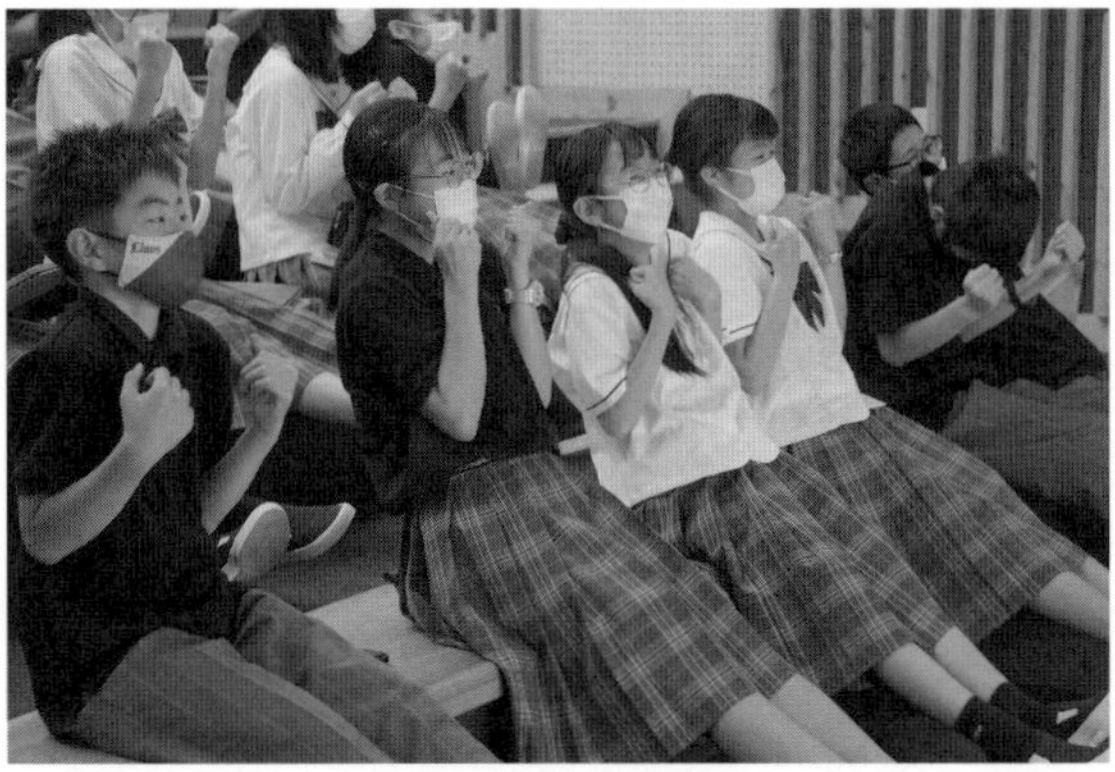
中学２年の授業

中学2年の道徳では「ネガティブ感情への対処」という授業をおこなう。「B 主として人との関わりに関すること」「C 主として集団や社会との関わりに関すること」ではネガティブな感情が起こりやすい。ネガティブな感情の連鎖から抜け出せなくなると最終的に思考停止し、うつ状態に陥ってしまうこともある。生徒にはこのような負の連鎖から抜け出すための効果的方法として一般社団法人日本ポジティブ教育協会が提唱する①運動②音楽③呼吸法と瞑想④日記⑤没頭を紹介し、特に呼吸法と瞑想についてワークショップをおこなった。呼吸法と瞑想と聞くとスピリチュアルなものを連想し、教育とは乖離があるものと考える方もいるが、研究が進み脳科学の立場からみても有効なものであることを示す研究結果が数多く報告されている。根性論でその場を乗り越えようとするよりも理に適った方法ではないだろうか。

(3) 中学3年「未来のシナリオ」の授業

中学3年の道徳では「未来のシナリオ」という授業をおこなう。人は心配事が絶えない。「D 主として生命や自然、崇高なものとの関わりに関すること」を前にするとなおさらではないだろうか。心配事の95%は実際には起こらないとした研究結果もあるようで、ただただ不安になるよりも心配事の整理と事前の準備が大切なのである。生徒は「これから経験するであろうこと」を予想される発生確率とともに「最悪のシナリオ」「最高のシナリオ」へ記載し、それをクラス全体で共有する。これにより今に集中する力と、あるがままを受け入れるマインドを養う。

⑷　高校1年「モラルジレンマ」の授業

「モラルジレンマ」という授業では、人間のいくつかの思考パターンを哲学的に分類し、分類された人間が共存できる「学校」を対話により構築していく。生徒たちは授業や学校行事など様々な場面を想定し、思考パターンの違いによる対立をどう防ぐか、思考パターンの違う人たちの共通ルールをどのように策定すべきかなど、対話ベースで学びを深める。この学びに正解はない。結論を出せずに終わることもある。大切なことは対話を深め、そのとき最善だと思われる結論をだす努力をしてみるということである。

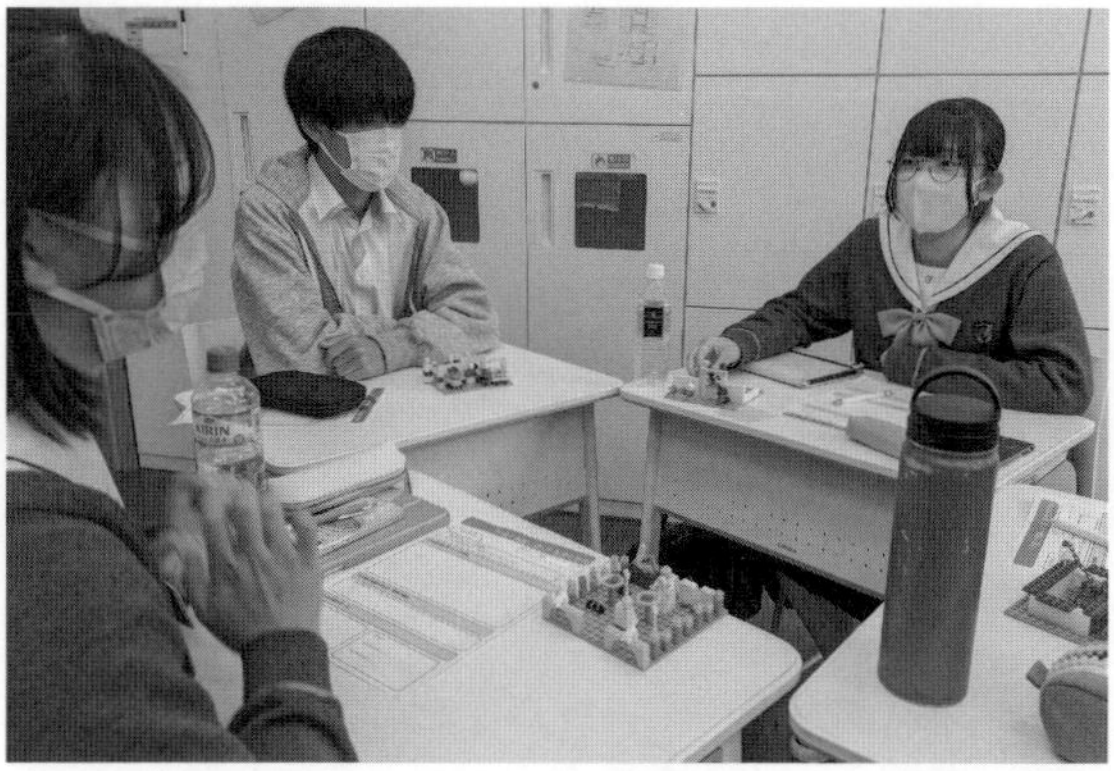

高校１年の授業

3　振り返り

科学的根拠に基づいた道徳教育の授業について、導入過程と授業の一部を紹介した。本校の実践はまだ始まったばかりだが、新しい道徳のカリキュラム導入により、生徒の自己肯定感に対するアンケート結果に変化の兆しがみてとれる。今後もカリキュラムの開発と改善を進め、道徳教育を通じた本校の建学の精神の達成、さらには誰もが「ふくし」を感じることができる社会にしたい。

インサイト
（編集委員・小林洋司）

青翔開智中学校・高等学校を運営する学校法人鶏鳴学園は、私が学生生活を過ごした鳥取市にある学びの探究に意欲的な学校法人である。本稿で取り上げられている「道徳」という科目の実践にも真摯に向き合いながらその内容、あり方について検討されている。

エビデンスに基づく、という姿勢と「道徳」にはなかなか親和的なイメージを持ちにくいが、私が大切だと思うことは、授業をなし崩し的に行わず、「何が生徒にとって大切か」を考え議論しながら授業を構想し、実践していることである。このような実践をどのように育んでいけるのかという営みを「研究と実践の往還」を意識しながら深めていただきたい。

実践事例③

中高一貫校における教科間連携を意識した『道徳』探究学習の実践

ハンセン病と社会についての新たな気付きを暮らしに活かす

山根浩一郎

● profile
やまね・こういちろう
学校法人鶏鳴学園あすなろ高等専修学校教諭。
実践時の勤務校は同学園青翔開智中学校・高等学校。

概要

現在の学校教育では道徳教育の充実が求められている。本稿では、授業を通して生徒たちがより多くの気付きを得られ、またそれを将来、自己の生活に活かすことができる学びとはどのようなものかを模索し実践した例を紹介する。今回は、ハンセン病を通して社会的・人権的・福祉的な課題を探究学習によってさらに深めることをめざした。そのための他職種連携のポイントも提示した。

1 はじめに

道徳の授業は何を学ぶ科目だと思うかと生徒に尋ねると、概ね「先生が、善・悪などあらかじめ決まっている答えに生徒を誘導する科目」というような答えが返ってくることが多いと感じる。中には「大人の考え方を押し付けられるもの」として「道徳」という言葉自体に対してポジティブなイメージを持っていない生徒もいる。

一方、社会科の授業の中で「モラルジレンマ」を扱うとき、生徒の反応は中学生・高校生共に非常によい。モラルジレンマとは、トロッコ問題などに代表されるように、何をどう考えて選択すればよいかわからない状況で生まれる「道徳的な葛藤」のことである。これは、日進月歩で進化が進むＡＩやメタバースなど、Society 5.0の実現に向けた日本や世界の動きの中で、よりよく生きるため、善悪の判断ができない場面や事柄に対して「どう認識して、どう行動すればよいかを知りたい」という生徒たちの欲求の表れではないだろうか。

青翔開智中学校・高等学校（以下、実践校）の建学の精神は「探究」「共成」「飛躍」である。「**探究**」とは好奇心と情熱を持ち、課題発見とその解決・アイデアを創出できる素養の育成を表している。「**共成**」とは協調と自律を指し、その中で多様性を認めつつ自己の考え方をもつことであると位置づけている。「**飛躍**」とは挑戦と継続を指しており、主体的・創造的に将来を築いていくことを指している。

実践校の中学校道徳の授業では、学習指導要領にある道徳の内容項目の達成のため、社会的・人権的・福祉的な課題を「共成」の学びの大きなテーマとし、探究学習によってそれをさらに深めることをめざしている。

本稿では、2021（令和3）年に実践校でおこなった「ハンセン病」を通した学習の授業実践とその振り返りを紹介していきたい。

2 ハンセン病学習をテーマとした理由とその目的

実践校では、普段の授業の中で地域の課題や社会の課題を探究学習として扱うことが多い。その際に大切にしていることは、「その課題と今の自分が結びついていることを生徒自身がどこまで感じられるか」ということである。

ハンセン病に関する学習を進めていくと、優生保護法の制定とプロミン治療の開始、隔離政策の実施について知ることとなる。生徒の多くは法律・政策について学校で習っており、すでに知っている部分はあるが、自分自身の生活に深く結びついていることはイメージしにくい。しかし、ハンセン病と社会について学習し総合的に理解を深めることにより、離れているものと認識しがちな国と地域・差別と自分・自分と他者及びその家族がつながっていることを感じられるのではないかと思い、テーマとした。

特に今回の探究的学習の実践では、科学や医学の発展と日本の立法制度とそれを支えていた国民の認識を総合的に知ることで、次の3点を生徒自身が振り返り、新たな気付きとなることを活動の目的とした。

(1)その時代の中で生きている自分がいたとしたら、どう考えてどう行動しているか。
(2)今、国や社会や自分が当たり前だと思っていることは本当に当たり前なのか。
(3)学んだことを日常生活にどのように活かすことができるか。

3 学習の進め方

ハンセン病に関する情報を総合的に知るためには広い範囲の情報が必要になるため、基本的にはグループでの活動をベースに以下の手順で学習を進め

授業の流れ

導入	①	隔離政策が始まってからのハンセン病患者・家族が社会的にどのような状況であったかを知るため、県の講師に依頼し、絵本を使った授業を受ける。振り返りを実施。
	②	学年を5名程度の9グループに分け、それぞれのグループに教員がテーマを提示する（各グループのテーマは資料1の「テーマ」参照)。 ①の振り返りに対する講師のアドバイスを生徒にフィードバック。
調査	③	いくつかの新聞社のオンラインデータベースからテーマに沿った複数の新聞記事を学校司書が選定し、グループに共有する。
	④	各グループは記事内容やその他書籍等で調査した内容をスライドにまとめる。
中間質疑 気付き	⑤	まとめ作業の中で感じた疑問や不明点についてグループごとに外部講師へ質問する（各グループからの質問については資料1の「講師への質問」を参照)。 講師は、生徒目線では見えていない資料の背景を情報として補うなど、気付きとして重要なポイントを助言・サポートをする。
発表 気付き	⑥	学年全体の前で各グループがスライドを用いて発表する。発表した内容について、外部講師が視点を変えた助言・気付きを伝える。
振り返り	⑦	生徒個々で振り返り。

た。また、学校司書と連携し、適切な情報をスムーズに生徒が得られるようサポートをおこなった。

授業の流れ①の学習については、鳥取県でハンセン病学習の講師をされている福安和子先生にお願いし、対面にて授業をしていただいた。福安先生自身が制作された絵本『時の響きて』（天台宗人権啓発資料、平成22年10月1日、第2版発行）と、ハンセン病患者・療養所の写真を教材として授業をおこなっていただいた。

授業の流れ⑤⑥の外部講師については、福祉教育とハンセン病について研究しておられる日本福祉大学社会福祉学部の小林洋司准教授（以下、小林先生）にお願いした。小林先生と生徒の質疑等はすべてオンライン形式で実施した。

生徒は、資料を読み、調査とまとめを進めていく中で、「強制隔離はあってはならない」「差別をしてはいけない」という考えにまとまっていくが、

資料1　各グループの「テーマ」と「講師への質問」

グループ	テーマ	講師への質問
A	療養所の生活①	小学6年生でハンセン病と診断され、4年ほど自宅の納家で息を潜め、16歳の時にやっとハンセン病療養所に入れたという記事を見ました。療養所にすぐ入ることは難しいのですか？
B	ハンセン病とは・歴史	藤本さんは結局冤罪となったのですか。
C	隔離政策	医療従事者みたいにガチガチに装備したら感染するリスクは減るのではないのでしょうか？ 隔離政策により作られた療養所で働く職員はどこから集められたのですか。
D	家族（ハンセン病患者が発生したら）	家に帰れることになった（元）患者の多くが帰らなかったという記事を見たのですが、帰った人やその家族は周囲の人々にどのような反応をされたのでしょうか。 全国の療養所の現状をご存知でしたら教えてください。
E	治療	日本で治療法が確立されたのは1940年代後半ということでしたが、それまでに治療法を確立しようという動きはなかったのでしょうか？また、なぜ初動までがこれほど遅かったのでしょうか？
F	らい予防法	らい予防法（新法）に反対する入所者によるデモが行われ、「手足の不自由な人たちがプラカードなどを持ち、歌を歌って行進した」という記事を見ました。具体的にどのようなことを訴えていたのか、また、どんな歌を歌っていたのか、ご存じでしたら教えてください。
G	療養所の生活②	昔と今の療養所での暮らしの違いはなんですか？
H	国家賠償請求	国家賠償金の内訳はどんな感じでしたか？鳥取県の元患者遺族が単独で起こした訴訟では、国の責任を否定されているのに、なぜ、熊本の元ハンセン病患者の家族への賠償について控訴を断念したのですか。
I	現在の課題	現在、ハンセン病は昔のように差別されているのですか？（されていれば、どんな風に）療養所はどのような場所で、ハンセン病の患者さんはどのような生活をしていたのですか？（食事や入浴など）

小林先生からさらに踏み込んだ助言をいただくことで、資料の文字の奥にある当時の背景を推察することができた。具体的には、ハンセン病と診断された方が自宅の納屋で数年間にわたり息を潜めていたという記事に対し、生徒から「（なぜハンセン病診断後に）療養所にすぐに入れなかったのか」という質問があった。その質問に対して、小林先生からアドバイスをいただくことにより、生徒の気付きの機会をふやすことができた（資料2）。

資料2　小林先生からのアドバイス

> **Aグループ**
>
> ・療養所にはすぐ入れなかったのか？
> 　入所まで待たないと入れない、という話はあまり聞いたことがない。
>
> 　色々な理由はあるが、4年間納屋にいた理由、職員にハグされて涙した意味を考えて欲しい。そこにはプラスの理由もマイナスの理由もあるように思うから。

4 授業のスケジュール

授業のスケジュールについては資料3の通りである。

スケジュールを立てるにあたって注意したことは、生徒が授業後に講師の方々へ感想や質問を伝えるだけでなく、それに対して、さらに講師からの多角的な視点での助言・アドバイスをいただける形になっているかという点である。一度の振り返りで終わるのではなく、振り返りについてさらに助言をいただくことで新たな気付きを生み出すことを目指した。

授業の流れ①の福安先生の授業については、日程的なところで複数回いらしていただくことが難しかったが、後日、授業後に実施した生徒のアンケートすべてに丁寧にご回答をいただいた。その回答については生徒全員で共有した。

小林先生からアドバイスをいただく機会についても、授業の流れ⑤のグループでのスライド作成中と、授業の流れ⑥のグループ発表後の計2回確保した。特に、小林先生から、より多くの気付きとなるアドバイスをいただけるよう、各グループのテーマおよび新聞記事はあらかじめ小林先生に資料として送信した。

5 実践を通して得られたこと

(1) 生徒の学び

生徒の振り返りアンケートによると、まずはハンセン病患者の隔離があったこと自体や療養所の生活を初めて知ったという意見が多かった。また、らい予防法という法律が存在していたことについて「国や県が強制的な隔離政策を推進していたことに驚いた」「療養所内での生活の実態に驚いた」「社会

資料３　授業のスケジュール

月日	曜	授業時間	内容
10月 7日	木	13：15～14：00	導入：福安先生による授業
10月21日	木	13：15～14：00	福安先生の回答共有 グループ分け・テーマ提示
10月28日	木	13：15～14：00	各グループでテーマに関する調査 A～E グループは小林先生への質疑（オンライン）
11月 4日	木	13：15～14：00	各グループでテーマに関する調査 F～Ｉグループは小林先生への質疑（オンライン）
11月11日	木	13：15～14：00	A～D グループはスライドで発表 動画に記録し、後日小林先生がグループごとに講評
11月18日	木	13：15～14：00	E～Ｉグループはスライドで発表 1グループごとに小林先生が講評 小林先生による総括 生徒の振り返り

として差別があったということを知ることができた」「そこまで深刻な状況であったことを初めて知った」という旨の意見も同様に多かった。中には「コロナ感染症にかかった人に対し、どう関わるかが大切」と現在の社会の状況と結び付けて書いているものも複数あった。少数ではあったが「見た目の変化を怖いと思うことで差別が生まれるのではないか」など人間の内面にふれる記述もあった。

ハンセン病に関する学習は公民の授業内でもふれているが、大きなテーマとして学ぶことで生徒自身の生活に関わりのあるものとして認識することができたと感じる。

(2) 教員の学び

今回の実践は、校内では社会科・道徳科・学校司書が連携をとり、教科横断の探究学習として取り組んだ。結果として、ハンセン病を学習しているというしっかりとした認識を生徒に感じさせることができた。

また、講師との双方向的なやり取りの中で「差別はいけない」という感想から、もう一歩踏み込んだ気付きの機会を準備できたことが有意義な活動となった。

このようなことから、教員は常に学校外の講師や複数の機関とつながっておく必要があることを再認識した。

授業では自然にその担当教員のメッセージが強く伝わってしまうことがある。「教員に誘導された考え方」と生徒に感じさせる授業ではなく、生徒自身が適切に思考や言動を選択できるようになる学びを用意することが重要である。

そのため、社会の課題や問題を生徒に考えさせる際や、特に道徳・人権・福祉的な学習をする際は、多角的な視点から授業を計画する必要がある。その点で、今回複数の講師の方々に関わっていただき、授業についてのアドバイスやご意見をいただけたことで非常に有意義な実践となった。

具体的に挙げると、実践を計画する段階で小林先生に福祉学習の視点から「学びを暮らしに活かすことができるようになったかが重要である」とご助言いただいたことである。それによって目的を明確にすることができ、実践自体の基礎を固めることができた。

また、直接は授業に関わっていただかなかったが、鳥取県社会福祉協議会から今回の実践を補助金という形でご支援いただき、さらに、職員の方が授業やミーティングに参加してご意見をくださったことも実践全体の教育的効果を高めるうえで大きなポイントとなっている。

6 改善点および今後の課題

改善すべき点の一つ目は、実践全体のスケジュールが長期になってしまったことである。週1回の道徳の授業内で進めて全体として6回、日程の都合で実施できなかった週をあわせると1ヶ月半の期間取り組んでいたことになる。生徒たちのモチベーションの維持を考えると、道徳の時間以外に今回のテーマに親和性の高い公民科の授業を充てるなど工夫をして2〜3週間の集中的な日程とする方が適切であると感じた。

二つ目は、新型コロナウイルス感染症の影響により校外活動が難しく、学校内の活動にとどまってしまったことである。校内の活動としては非常に有意義であったが、フィールドワーク等を通じて生徒が学びを体感することでさらに大きく深い気付きがあったのではないかと思われる。実際に療養所の訪問などはできなくても、今回の実践で学んだ認識や思考を活用して地域に出て身近な課題を考えるなど、さらに発展した学習を準備することで、生徒が今回の学びを経験として身に付けることができたのではないだろうか。

今後の課題としては、今回の実践のような教科横断型授業および探究学習を今まで以上に円滑に推進することである。実践校では普段の授業の中で教科間の連携を意識しており、また、年間に何度か複数の教科でテーマを設定し時期をあわせた探究学習を進めている。その活動は人権・福祉的視点によって、より発展的なものになると考えられる。実践で学んだことを生徒が様々な場面で活かすことができる学校生活をつくっていきたい。

また、実践校では、今回の実践も含めた道徳教育の結果、中高一貫の6年間の中で内面・言動がどのように変化したかを生徒自身が感じられる仕組みの構築に取り組んでいる。そのためには、その都度、テーマの中で何をどう学び、それをどう活かすことができるかを教員が生徒へ明確に伝えること・気付きをより多く得られる授業を設計すること・振り返りを丁寧に積み重ねて各学年の学期ごとなどで定期的に振り返るなど、生徒一人ひとりが自分自身の変化を成長として実感できる社会を多くつくる必要がある。

インサイト
（編集委員・小林洋司）

青翔開智中学校・高等学校における異なるアプローチからの教科「道徳」の実践である。一つの教科についても多角的にアプローチを行なっていることに注目した。

中高一貫校におけるふくしの学びを充実させることをめざした本稿の実践では、社会福祉協議会との連携をはじめ、教科間連携、そして学校司書との連携が意識されている。これにより、ハンセン病問題という複雑な課題についても生徒が関心を持ちやすい環境が醸成されている。さらに、授業を構成する教員を含めた関係者の学びも見逃せない。

社会的課題を学校においてどのように考えていけばよいかについて多くの示唆をもつ実践である。

実践事例④

「支えあいの仕組み」を学ぶ、福祉教育としての社会保障教育

自らも支えられる大切な存在として

長谷部 治

● profile
はせべ・おさむ
神戸市社会福祉協議会職員歴27年。その多くで福祉教育・ボランティア学習を担当し、小中高等学校での実践やプログラム開発に取り組む。

概要

自分ではない誰かを大切にすることだけではなく、自分も大切な一人の人間だと知るためのプログラムとして『社会保障教育プログラム』は生まれた。社会保険事務所やハローワーク、区役所、社協が一体となって中学3年生を対象とした学びのカリキュラムは作成され、社会科や総合的な学習の時間で実践され、自らも参加をしている「支えあいの仕組み」を神戸の中学生は学んでいる。

1 課題・問い

2010年当時、私たちの仕掛ける福祉教育プログラムはこのままでよいのかという漠然とした不安があった。

当時、筆者は教員や社協職員、施設職員等の多様なメンバーで今後の福祉教育をどうしていくか話し合いを重ねており、実践の整理を進めていく中で私たちの周りに見ることができる福祉教育実践の多くが「誰かのために」という他者へ向いた実践だということが見えてきていた。それ自体を否定するわけではないが、『自己有用感』の低下という社会課題に十分な効果を発揮していないことに課題を感じていた。

2 取り組みのプロセス

(1) コミュニティソーシャルワーカーの活動から見えてきた課題

自己有用感を高めていくためには、〟自分を大切にすることを学ぶ福祉教育〟〟自分も社会に大切にされている

ことを知る学習〟を漠然とイメージしていた当時、筆者が人事異動で担うことになったコミュニティソーシャルワーカー（CSW）としての活動から見えてきた課題に直面する中で『社会保障教育プログラム』は構想された。

CSWは住民一人ひとりの困りごとに対応していく日々の活動の中で、活動の大きな割合を占める生活困窮の課題を持つ世帯に対応していく。すると、多い割合で『無年金』『無保険』の方への対応が必要となる。老齢年金や障害年金の受給や退職後の雇用保険の受給のための資格が無い方があまりにも多く見られ、多くの方が「必要ないと思っていた」「誰も教えてくれなかった」と語り、皆保険制度であるにも関わらず社会保障に関する十分な理解を得る機会に恵まれなかったであろうことが推察された。

思い返せば、筆者はボランティアセンターを担当していた時分に、センターによく立ち寄っていた若者たちが情報誌を見ながらアルバイトや就職先を探している場面で、彼らが選ぶアルバイト先に違和感を持っていた。「こっちを面接行ってみたら」と条件のよい求人先を勧めると、決まって彼らは「ここは社会保険完備って書いてあるから、いろいろ減らされる」と答える。その度に「いや、ちょっと話そうか」と時間をとって教えていた。

求人票A

募集職種	一般事務
初任給	高卒　210,000円（残業手当含む）
昇給	年1回（4月）
賞与	年2回（6月・12月）
勤務時間	8：45〜21：30シフト制

求人票B

募集職種	一般事務
初任給	高卒　180,000円
諸手当	通勤手当、住宅手当
昇給	年1回（4月）
賞与	年2回（6月・12月）
勤務地	本社・支店
勤務時間	8：45〜17：30　実働7時間
休日・休暇	完全週休2日制、有給、夏季など
福利厚生	各種社会保険完備（雇用・労災・健康・厚生年金）交通費支給（月3万円まで）

求人票

あの時の社会保険完備を避ける選択がそのまま続くとCSWとして関わる生活困窮の世帯になりかねない。筆者自身がCSWとして活動する前はそんなことに十分な視座が至ってはいなかった。

(2) 社会保障教育プログラムのカリキュラムづくり

社会保障教育プログラムを考案するにあたり、文部科学省のカリキュラム（2015年当時）を調べてみると、社会保障を学ぶ場面は限定的で、多くは高校3年生になるまで十分な学びの機会を得ることは難しい状況だった。

CSWとして出会った生活困窮の課題を持った方たちは高校中退者や中卒で社会へ出た方が多く、社会保障を学ぶカリキュラムを得ることなく社会に出ることになり、助け合いの仕組みに参加することができていない現実が見えてきた。給与明細書を見ても何のためのお金がひかれているか、社会保険や雇用保険に加入できているのかを知ることができていなかった。

自らも社会に大切にされている存在であり、社会保障という福祉の支えあいの仕組みで大切に守られている存在であること、福祉とは決して他者へ向けて何かをすることだけではなく、自分もすでに支えられている一人であることを若いうちから知ってほしい、そんな思いを形にするべく筆者は関係者を集めていった。

はじめは福祉教育でなぜ『社会保障』を取り上げるのか一定の時間を要するだろうと協力者を集めるうえで不安に思っていたが、結果として協力をしてくださった多くの機関が積極的に協力をしてくださった。多くの機関が『社会保障』を学ぶことの重要性を感じて日々の仕事をしており、事実への対応だけではなく『予防』の重要性を感じていたのだ。

テーマを『支えあう仕組み　社会保障』として、年金、医療保険、雇用保険の3つを取り上げ、カリキュラム作成には約半年を要した。おおよそ難しい話になると予想される社会保障という素材をいかにわかりやすく伝わる内容に組み立てるかに、筆者は中学校教員OBや現役中学校教員の力を借り、伝える内容の正確さや伝えるべきポイントに社会保険事務所や区役所の保険年金医療課、ハローワークの職員の皆さんの力を借り、組み立てていった。

(3) 教員の助言で中学3年生に実施

兵庫県では中学2年生全員が1週間の職場体験学習を行う『トライやるウィーク』という取り組みがある、学校を離れ少人数で様々な仕事を体験するのだが、この体験の後のほうが仕事や社会といったものへの理解や興味関心が高まっており、社会保障を学ぶのにふさわしいのではないかという教員の助言で、中学3年生を実施学年に設定した。

実際のカリキュラムは、場面の進行をスライドに沿って進められる。スライドの序盤では「見えやすい支えあい」と「見えにくい支えあい」があることを知ってほしいこと、それぞれが「将来のために大切にしたいと思っていること」にどんなことがあるか確認され、実際の求人票や日本の平均的な年収をベースにした4人世帯のお父さんの『給与明細書』を実際に見ることから授業は本格的にスタートしていく。給与明細書に記された〝控除〟の中の様々な知らない言葉の正体を知る生徒はかなり少ない。

カリキュラムでは「この健康保険料ってやつを払ってくれている人がたくさんいて、お金を負担してもらって

平成29年〇月分　給与明細書

	基本給	役職手当	資格手当	家族手当	時間外手当	通勤手当
支給	280,000	20,000	30,000	5,000	23,333	10,000

総支給額
368,333

	介護保険	健康保険	厚生年金	雇用保険	社会保険合計
控除	2,970	20,970	32,727	1,105	57,772

所得税	住民税	控除計
5,490	35,000	91,929

差引支給額
276,404

給与明細書

いるから、みんなも風邪ひいたり怪我したりしたとき、医療を受けることができる」と、実は中学生のみんなもすでに誰かに支えられていることを学んでいく。そして、「でも、社会では時々こんなことがあるんです」というフレーズから、実話を元にした健康保険料を払わず無保険、無年金だった方の再現VTR（https://youtu.be/phSeyTkT8lw）と雇用保険無加入だった方の再現VTR（https://youtu.be/ao9_0tZIzEM）を見て、具体例から場面を学んでいく。（いずれも出演は神戸のご当地アイドルKOBerrieS♪）

カリキュラムの終盤では、実際の相談窓口を地図上から探し、困ったときやわからないときにそこへ行けば相談に行くことができることを学び、『助けて』と言えることの大切さで結ばれていく。すべてを自分で解決するだけではなく、誰かに助けてといえる強さもこのカリキュラムでは学んでほしいと作られている。

3 この福祉教育に願いを込めて

実際にカリキュラムが完成し、神戸市兵庫区の全中学校へ紹介を行ったところ、4校（1校を除いてほぼすべての中学校）での取り組みとなり、これまで6年間実践され、一定の定着をしてきている。また、兵庫区社会福祉協議会では、このカリキュラムを他地域へも広げたいと一連の再現VTRやスライド、ワークシートを提供し続けており、2023年現在、少しずつではあるが実践の広がりを見せている。

この福祉教育の実践を通して、中学生には次のような「自分」という理解が広がってほしいと筆者は願っている。

・自分が社会の中で支えられている存在である自分／・社会の一員としての社会保障の知識を持った自分／・困ったとき助けてと言っていい自分

社会に自己有用感や社会保障の基礎知識、助けてと言える関係性が少しずつ広がってほしいと願っている。

インサイト
（前編集長・野尻紀恵）

福祉を切り口に「何」を探究していくのか。探究学習は常に外に向かって「何か」を探るものなのか。そして「何か」を探ることが目的なのだろうか。いや、そうではない。おそらく探究学習の最も中心的なテーマは「どのように生きるか」ということなのだ。とするならば、「福祉教育」に「自分」にとっての「福祉」を学ぶプログラムが極端に少ないことは見過ごせない課題である。

本実践は、自分が生きるうえで必要な「福祉」を学ぶプログラムであり、その中心が「社会保障」という切り口であることに先駆性がある。また、本プログラムおよびコンテンツを多職種連携で創り上げたという点がユニークである。

わたしの指導案

防災福祉教育
小学校高学年バージョン

野尻紀恵

● **profile**
のじり・きえ
日本福祉大学教授。高校教員時代に福祉教育に魅せられ、福祉の世界に飛び込む。以来、子どもを真ん中にした福祉教育プログラムの創出・実践研究に取り組んでいる。

学校の防災教育および福祉教育を融合したプログラムを開発・実践した。その取組で、関わる人の防災や地域、人間関係に対してどのように変容したかを分析することにより、新たな取組としての防災福祉教育を提案する。

文部科学省「生きる力を育む防災教育の展開」（平成25年）では「生きる力」を育むための目標を3点あげた。「ア　的確な思考・判断に基づく適切な意思決定や行動選択をする。イ　危険を理解・予見し自らの安全を確保するための行動ができるようにするとともに日常的な備えができるようにする。ウ　自他の生命を尊重し、安全で安心な社会づくりの重要性を認識して学校、家庭及び地域社会の安全活動に進んで参加・協力し、貢献できるようにする。」

従来の防災教育は、「発災時の安全を確保するための行動」に重きが置かれ、自分の身を守る避難訓練や他者を率先して助けながらの避難訓練が多かった。だが、平常時から地域とのつながりを強く持ち、共助のネットワークの中に入ること、そして発災後には地域の人たちと一緒に生活をし、共に生きていくイメージができることが重要である。東日本大震災で被害にあわれた方々からも指摘されている。つまり、防災には福祉の視点が重要な要素である。

そこで、命の大切さ、他者への思いやり、地域とのつながりといった福祉的な要素を多く含めた防災福祉教育として、防災課・学校教育課・防災ボランティアの会・社会福祉協議会等が協働し、3つのプログラムを完成した。①低学年用「命の大切さを感じる」プログラム、②中学年用「発災時の身を守る行動」プログラム、③高学年用「避難所で、みんなで一緒に生活をする。みんなで生きていく」ことを考え、学ぶプログラム。

授業では子どもの発言に教員がハッとする場面が多々あり、子どもから大人が学ぶという効果がみられた。また、参観授業では、保護者が子どもの発表を熱心に聴いており、親への波及効果が期待できた。防災という取組や答えが一つではない災害時の行動について考えるプログラム開発のプロセスの中に、多様な人が協働していくことで、豊かなつながりをもたらすことができ、それぞれに変容をもたらす学び合いが起こっていた。この学び合いこそが、防災福祉教育に求められる要素ではないかと考える。

5年生指導案教室バージョン　　●●小学校　第５学年

●年●月●日　●曜日　第●時間目

授業者　野尻 紀恵

1．本時のねらい

○　避難所を知り、今後起こると予測されている災害に備える。

○　避難所という空間の生活を意識し、みんなで生きることを考える。

2．活動過程

時間	活動内容	授業者の支援	資料	メモ
	1　大地震発生後に避難所である体育館に避難してきた時の気持ちを考える ・地震の揺れが怖かった。 ・避難所に着いて安心。 ・早く避難所に入りたい。 ・これからどうなるのか不安。	○地震後に避難所に集まってきた様子を想像し、その時の気持ちを自由に発表させる。 ○どんな意見も共感的に受け止め、受容する。		
5	2　避難所について知る ・毛布１枚分なんて狭すぎて悲しいと思った。 ・隣の人と近すぎて嫌だ。 ・壁も仕切りもないので、毛布１枚分というのは狭すぎる。 ・３ヶ月も生活するなんて辛い。	○毛布１枚が大人１人分のスペースであることを理解させる。 ○避難所には知らない人がひしめき、仕切りなども無い中で長期間生活することを理解させる。	毛布１枚 避難所の写真 防災ガイドブック	
8	3　本時の課題をつかむ 避難所とはどのようなところか体感し、そこには様々な人が避難してくることを理解し、居場所を話し合うことで、避難所という場にみんなで生きることを考えよう。	○避難所がどのようなものかを知り、災害後に避難所で生活することを想像し、課題をつかませる。		
10	4　体育館の中で自分が居たいと思う場所に自分の名前を書いた付箋を貼る ＊体育館の壁際に貼る児童が多い。 ＊四隅に児童がかたまる。 ＊入り口の近くに貼る児童がいる。 ＊真ん中に貼る児童はいない。 ＊友達同士かたまって貼る。	○付箋に自分の名前を書かせる。 ○机の２列ごとに教室の前に出て、黒板に貼った体育館見取り図の中に、付箋を貼らせる。	体育館の見取り図（模造紙大） 付箋	

（前半部のみ掲載。全体はQRコードで大学図書出版HP「読者のページ」からダウンロードして下さい。）

子どもを育む多職種協働

高等学校福祉ボランティア科と高齢者施設が協働で取り組む探究学習

新崎国広・村上憲文・小林翔太

大阪府内の高等学校福祉ボランティア科の実践をとおして、ウイズコロナ社会における新しいスタイルの「学校と福祉施設の協働による探究学習」の実践を紹介し、多職種協働のポイントを学んで行きたい。

● profile

あらさき・くにひろ
ふくしと教育の実践研究所SOLA（Social–Labo）主宰、社会福祉士

むらかみ・のりふみ
大阪府立淀商業高等学校校長

こばやし・しょうた
同校福祉ボランティア科教諭

今回から始まる新コラム「子どもを育む多職種協働」では、毎回の特集と連動したテーマにおける子どもを育むさまざまな多職種協働についての実践を紹介し、協働のポイントや課題について考察していく。

２００６年に改正された教育基本法第13条では、「学校、家庭及び地域住民その他の関係者は、教育におけるそれぞれの役割と責任を自覚すると共に、相互の連携及び協力に努めるものとする」と、子どもを取り巻く様々な人々や施設・機関等が連携・協働することの必要性を明文化している。しかし、現状をみてみると多職種協働による教育実践が十分に行われているとはいいがたい状況であると指摘できる。

さて、本誌第35号のテーマは、〝学校でアプローチする「ふくし」探究学習〟である。探究学習とは、「自ら問いを立てて、その解決に向けて情報を収集・整理・分析したり、周囲の人と意見交換・協働したりしながら進めていく学習活動」のことである。双方のよさを生かしながら、新たな価値を創造し、よりよい社会を実現しようとする態度を養うことを目的としている。

そこで、今回は、新崎もアドバイザーとして関わっている大阪府内の高等学校福祉ボランティア科の実践をとおして、ウイズコロナ社会における新しいスタイルの「学校と福祉施設の協働による探究学習」の実践を紹介し、その実践から多職種協働のポイントを学んで行きたい。

1　なぜ、多職種協働が必要なのか？

多職種協働は、〝手段〟であり、協働することが〝目的〟ではない。極論すると、教師やソーシャルワーカーが単独でそれぞれの専門性を活かして取り組むことの方が効率的である。では、なぜ今、多職種協働が必要なのだろうか？

近年、不登校・いじめ・いじめによる自死問題・子どもの貧困やヤングケアラーの問題等、学校教育現場では困難な問題が山積している。一方、地域社会に視点を移すと、核家族化・ひとり親家庭の増加等による家庭の養育機能の低下に加え、経済的格差の拡大とこれによる不安定な生活環境が社会問題となっており、国民全体が「生きづらさ」を痛感している状況があるといえる。このような状況の中で、コミュニティ機能の脆弱化や「福祉の外在化・専門職依存（岡村重夫）」や一般市民の「福祉や教育への無関心化」が進行しており、社会的孤立による自死や孤立死、児童虐待、貧困の連鎖等の問題が深刻化し、大きな社会問題となっている。

このような問題の解決をめざすためには、教育と福祉をはじめとする様々な分野が個々の課題に即時的・対症療法的に対応するだけでなく、問題の社会的分析を踏まえ、将来の市民である子ども達の「共に生きる力」を育むための教育実践が求められている。子ども達を護り育むのは学校教育だけではない。子ども達の成長発達にとっては、家庭教育や福祉教育・社会教育・市民教育も非常に重要な役割を持つ。教育と福祉が協働して今後の具体的な対応を模索していくことが社会全体の責務である。これが、今回のコラムに通底する問題意識である。

2　実践報告
「With コロナ」の時代、新たな介護実習へ
～現場とこころを繋ぐリモート実習～

(1)　はじめに

大阪府立淀商業高等学校（以下、本校）は開校以来、昭和、平成、令和と時代が移り変わる中、実業高校として時代のニーズにあった人材の育成に努めてきた。その中で福祉ボランティア科は、大阪府内の公立高校で唯一の介護福祉士養成校として、福祉に関する専門的知識と技術を身につけ超高齢社会を担うことができる「介護・福祉分野のプロフェッショナル」をめざし、国家資格である介護福祉士の合格を目標に取り組んでいる。特に、社会との連携や協働を図り、現場に出ても即戦力として対応できるように、3年間で高齢者施設を中心に50日を超える施設での介護実習に力を入れてきた。しかし、令和元年からの新型コロナウイルス感染拡大の影響で、現場での実習が困難な状況となり、長らく続くコロナ禍において、現場で利用者の方との触れ合いで得る体験的な学びを、いかに校内の学習で補うかが課題となった。

このような状況の中で、校内での「ＧＩＧＡスクール構想」によりＩＣＴ環境が整備され、福祉ボランティア科においてはオンラインで施設と学校を繋ぐ「リモート実習」をスタートさせることとなった。また、令和４年度後半には感染拡大状況の落ち着きに伴い、施設での実習を一部再開することもできた。しかし、まだまだ高齢者施設等での実習受け入れ体制が整わず、完全再開には至っていない。このような「Ｗｉｔｈコロナ」の時代において最適解を模索し取り組んだ、「現場実習」と「リモート実習」を組み合わせ学びを補完する本校のハイブリッドな実習について１年生の取り組みを報告する。

(2) ＩＣＴを活用した「リモート実習」の内容

入学時に生徒は、祖父母以外の高齢者と話す経験がほとんどない状態であった。１・２学期のリモート実習では、１〜２人の利用者の方を対象にコミュニケーションを図ることを目標とし、生徒は事前学習で、自己紹介や会話内容などイメージをふくらませ実習に臨んだ。当日、最初は緊張した面持ちであったが次第に打ち解け、利用者の方に積極的に質問をする様子が見られた。11月には、デイサービスまたはデイケアでの現場実習を５日間実施することができ、実習後には生徒から「リモート実習で利用者の方とコミュニケーションが取れた経験をいかすことができた」「利用者の方に触れて声かけをすると、笑顔で返してくれて嬉しかった」などの感想が聞かれた。

その後、本校と施設双方のＩＣＴ環境がさらに整備され、クリスマスやお正月の行事で多人数の利用者の方を対象としたレクリエーション形式でのリモート実習を通して交流を深めていった。

(3) 複数の施設を繋ぐ「リモート実習」への挑戦

３学期には、現場実習をさせていただいた２つのデイケアの協力を得てリモート実習を行った。学校と２つの施設を同時にリモートで繋ぎ交流を図るという初の取り組みであり、コロナ禍で施設での活動や人との交流が少なくなった利用者の方の状況をお聞きし、レクリエーションを企画、実践するというものであった。実際の取り組みは次の通りである。

1) 事前指導

①利用者理解を深めるための情報収集とレクリエーション活動の設定

情報収集はリモートで施設と繋ぎ、生徒が職員の方から話を伺い、質問に答えていただく形で進めた（写真１）。ここでは利用者の方の疾患や状態、日常生活の自立度などについても知ることができた。その後、生徒は収集したこれらの情報をもとにグループに分かれ、参加していただく利用者の方にとってどのようなレクリエーションが最適であるのか検討に入った。その中では、趣味や生きがい、「今の暮らしを続けられるようにしたい」などの利用者の方の目標や意欲につ

写真１　オンラインを活用した施設との情報交換

いて思考を深め、レクリエーションの内容やルール・進行方法など計画を立ててみた。利用者の方の参加意欲や施設間交流を高めるために、施設対抗でのレクリエーション大会とし、互いに称え合うことができる活動となるよう検討を重ねた。当初は、移動を伴う活動の意見が出されたが、利用者の方の移動形態は歩行や車椅子などと多様であり、さらに職員の方の人員配置の観点から座位での活動を基本とした。内容は、スプーンやトングを使ったり、ペンで字を書いたりする日常生活を想定した具体的な動作を活用するものとし、進行表を作成した。用具の制作においては、手に力が入りにくい方や拘縮・麻痺のある方がいるという情報から、持ち手を太くして握りやすくするなどの工夫を行い、クイズでは脳の活性化を図る活動も取り入れた。制作した用具は生徒がグループごとに分かれ協力して施設に運搬し、その際には使用方法等の打ち合わせも行った。

当日に向け、生徒はグループで繰り返しロールプレイングを行い、初めて説明を聞く方にとってどのようにすれば理解しやすくなるのかなど、試行錯誤を繰り返し行った。また、声かけもリモートのタイムラグを想定して、明るく大きな声でゆっくりと話すことや身振り手振りを活用することを意識するようにしてみた。

②協力施設との事前確認

安全で円滑な進行のために事前に現場で協力いただく職員の方と生徒をリモートで繋ぎ、打ち合わせを実施した。進行表をもとに物品や準備のタイミングの確認など、実際にデモンストレーションをさせていただき、内容や時間設定、難易度などについてアドバイスをいただいた。この中で特に映像の見え方や音響についてはＩＣＴの設備環境によって大きく影響を受けることがわかった。例えば、映像やスライドは大きいテレビやスクリーンを使用していれば多少の小さな文字でも読みとることができるが、パソコン画面で交流をする場合はそれが難しいことがわかり、文字の大きさを変更して対応した。他にも、音響についてはスピーカーフォンが正常に作動していても高齢者にとっては聞こえにくいケースもあり、リモートでは環境面について事前確認は欠かせないものであると認識することができた。

2)　リモート実習当日

最初は緊張した表情でカメラの前に立つ生徒も多かったが、現場の職員の方のサポートもあり、会話のラリーを続けなが

写真２　オンラインでのレクリエーション風景

ら進行でき、対面での会話と比較すると時間は少しかかるものの季節の話題や準備した用具を使ってのレクリエーションを行うことができた（写真2）。職員の方との事前打ち合わせでは難易度が高いという意見をいただいていた内容も、周りの声援などの効果もあり、参加された利用者の方は想定を大きく超える形で課題をクリアしていった。施設対抗で勝敗を決定することも「相手チームに負けたくない」と利用者の方の参加意欲を高めていたようであった。生徒による結果発表の際には、互いの参加者を称えるように自然と拍手が起こった。安全面においては、活動が活発になっても利用者の方が席から立ちあがることもなく、計画段階の配慮を十分にいかすことができた。

　全体を通して、生徒は介護者としての意識を持ってファシリテーターを演じることや、利用者の方のことを考え積極的に声かけができていた。利用者の方が楽しそうにレクリエーションに参加される姿を見て、多くの生徒の感想には達成感や喜び、さらには自らの自信に繋がったことが記されていた。

(4) おわりに

　福祉ボランティア科の生徒にとっては、利用者の方の身体に触れて初めて身につく介護技術の習得や細やかな気持ちの変化に寄り添った支援など、現場実習でなければ学べないことも多く、必然的に「現場」での経験が必要不可欠となる。しかし、学校のみならずコロナ禍を契機に施設でのＩＣＴ環境が整ったことで、モニター越しではあるが利用者の方の表情や身体の状態を確認しながら交流することができるようになった。以前は施設実習期間中でなければ職員や利用者の方と接することができなかったが、リモートという新たな手法を駆使しその機会を増やすことにより、学びの幅を広げることが可能となった。また、リモートでは利用者の方との関わりに不安を抱く生徒に対して教員が近くでサポートすることも可能であり、安心して実習に臨める環境を作ることもできた。さらに、実習終了後のルーブリックを活用した評価がしやすく、リモート実習への参加生徒全員に対して、ＰＤＣＡサイクルによる改善策を検討し、現場での実習前に準備や修正ができるという利点も発見できた。生徒はリモート実習での大きな経験をいかし、来年度の現場実習にも今からしっかりと取り組んでいこうとする意欲が見られるようになった。本校では、実習の一環としてさまざまな福祉施設と生徒をリモートで繋げ、利用者の方との交流機会を増やすことで、主体的に「現場」で取り組める姿勢や態度を身につけさせていきたいと考えている。

3「現場とこころを繋ぐリモート実習」から学ぶこと

今回紹介した淀商業高等学校福祉ボランティア科の実践から特に学ぶべきことは、下記の3点である。

①対面での交流とオンラインのそれぞれの長所を活かしたハイブリッドな探究学習を実践している

今までのハイブリッド授業は、コロナ禍で対面授業や実習が行えないための〝次善の策（プランB）〟として、行われてきた。しかし、今回紹介した「現場とこころを繋ぐリモート実習」では、「複数の施設の利用者同士の交流を図る」といった、今までの対面での実習では困難だった取組に挑戦し成功している。今まで、交流できなかった異なる施設の利用者同士が生徒が考えたリクレーション・プログラムを通して、熱心にゲームに参加して一喜一憂している姿は、福祉施設の利用者は決して介護や支援を受けるだけの存在ではなく、生活主体者であることを、生徒だけでなく教師や福祉職員にも伝わっていると感じた。

②教員と福祉職員が、生徒の探究学習を豊かにするために、事前に綿密な打合せや教師と施設職員が個々の専門性を活かしたサポートを行っている

多職種協働で最も大切なことは〝助け上手、助けられ上手〟の関係づくりである。〝助け上手〟とは、自分の専門性をよく理解して積極的に関わっていく姿勢であり、〝助けられ上手〟とは、専門外の苦手な事に関しては、誰とどんな協働をすることが有効かを考え行動することである。

今回の実践では、生徒が主体的にプログラムを企画・実施するプロセスを通して、事前に利用者の身体的状態（ADL）や興味あることを丁寧に調べ学習（アセスメント）する際には、施設職員のアドバイスが必要不可欠である。また、生徒の主体性や想いを活かしたプログラムを作成する際には、教師の専門性が必要不可欠である。両者の専門性を活かすために、施設職員と教師が綿密に連携・協働していることがうかがえる。

③実習体験だけで終わらず、PDCAのモニタリングによるリフレクション（省察）を行っている

今回のリモート実習では、ルーブリック評価やPDCAサイクルによる丁寧なリフレクションを行っている。探究学習が成功するためには、このような丁寧なリフレクションが必要不可欠である。

筆者の新崎も、アドバイザーとして、このリモート実習を参観させていただいた。生徒自身が真剣に自分たちが企画し取り組んだ実習が終了した際の利用者と生徒の双方の充実感あふれる笑顔が印象的であった。

高大連携事業

高大連携による福祉の学び
［その1］
大学側からみた高大連携実践

小林洋司

全国で展開されている高校と大学が協働して取り組む実践（高大連携実践）を紹介しながら、ふくしと教育の接点を模索し、豊かな学びにつなげていくヒントを発信していきたい。

● profile
こばやし・ようじ
日本福祉大学社会福祉学部准教授。大学では高校福祉科の教員養成を行っている。福祉教育・ボランティア学習に関しては、病や障害をテーマに「であい・近づく」学びの場作りについて実践的な研究を行っている。

1　本特集について

初回となる本稿では、筆者が深く関わっている日本福祉大学教職員と東海三県の福祉系高校の教員を中心に形成される実行委員会が主催する「福祉教育研究フォーラム」を紹介し、大学生、大学教職員にとっての高大連携実践の意義について報告したい。また、タイトルに「その1」とあるのは、36号（次号）において高校側（教員、生徒）から検討いただく「その2」と合わせた連載特集ということを意味している。

2　高大連携という言葉

学校と地域、そして高校と大学が学びを契機として「つながること」は、さらに重要性を増しているように感じる。今日の高大接続、そして高大連携という取り組みは、高校側は大学側に、大学側は高校側にさまざまな「期待」をしながら、協働的な関係が築かれている。本稿では、この「つながること」と、さまざまな「期待」に注目し、実践報告をしたい。

高大連携は、「高校と大学が、それぞれの教育資源を活用しつつ、連携協力して行う教育活動の総体」と定義されている[※1]。すこしひろく解釈をするなら、高等教育機関（大学や短期大学、高等専門学校、専門学校など）と中等教育機関（中学校や高等学校）が、教育や研究、地域貢献などの分野で協力することを意味している言葉と言ってよい。具体的には、「高校生が大学に行って講義を受けたり、逆に、大学の教員が高校に出掛けて講義や講演を行うような取組」、さらにいえば、大学が高校生に対して講義や説明会を行ったり、高校生が大学の研究室で実習を行ったりするなど、両者が相互乗入れしていくことで、高校生や大学生の学びの質の向上や、地域社会への貢献が期待されている。文部科学省は、「高等学校と大学との接続における一人一人の能力を伸ばすための連携（高大連携）の在り方について」において、「特定の分野について高い能力と強い意欲を持ち、大学レベルの教育研究に触れる機会を希望する生徒の増加」を想定し、「高等学校・大学の双方が、後期中等教育機関・高等教育機関としてそれぞれ独自の目的や役割を有していることを踏まえつつ、高等学校と大学との接続を柔軟に捉え」実践していくものであるとその枠組みを示している。

3 「つながり」について
―福祉系高校との取り組みのこれまで―

本稿で報告する高大連携実践は、2007年に福祉教育研究フォーラム高大連携プログラムとして実施された取り組みに端を発する。さらに掘り下げるとこの契機は、日本社会福祉教育学校連盟のブロック企画に遡ることができる。

当時の高大連携プログラムの目的は、①青年期への福祉専門教育のあり方の模索、②福祉系高校教員の研究・研修機会の創造、そして③福祉文化創成事業としての高大連携であったと記録には残っている。福祉系高校の多くは、高校生を介護の専門職として養成し、彼らを高校卒業とともに福祉の現場へ送り出すことを主たる目的としている。そのため、高校生の段階から「ふくし」の学びを深めていく必要がある。そうした目的を果たすため、福祉系高校教員は研究・研修機会を創り、知識や伝え方について研鑽していく。しかしながらそのための研究・研修の機会が当時から決して多くなかったため、その機会をつくっていくことが求められていたのである。3点目が、この高大連携の機会を通じて、単なる介護福祉士養成、そのための指導者の育成にとどまらず、地域社会に福祉の文化を根付かせていくそのための機会という役割がある。この3点目の目的が肝要であり、16年間続けてきている大切なモチベーションである。

4 「期待」について

先述の文部科学省の高大連携に関わる文書に照らせば、「生徒一人ひとりの能力を伸ばすこと」がその目的として位置づけられている。つまり、高大連携の実践は、多様性のある生徒・学生にとってどのような意味があるのかが重要となる。そのためには、高大連携に関わる人々がどのような内容を、どのような期間で、そして関係する高校生や大学生はもとより、高校教員や大学教員も含めてそのなかでどうかかわっていくのかを併せて丁寧に検討していく必要がある。しかし、現状の高大連携では異なる「期待」が優先されているきらいがある。

たとえば、高校側は、高等教育機関への進学者（率）の増加や探究学習の時間設置による大学の学部・学科内容の理解促進を併せた場面へのニーズをもち、大学側は、少子化などの厳しい経営環境下において、教育方針に共感する優秀な学生の確保のみが目指されているということはないだろうか。そのニーズにもとづき、修学旅行・遠足での大学見学、高校からの希望に応える「出張授業」や、大学を訪れての講義プログラム、公開・授業実施。あるいは推薦系入学を前提とした単位認定のための特別授業、教員や生徒向け特別講座などが展開されている。このような実践は、高大連携実践が、先に述べたような高校側からは多くの高校生を大学に送り出すこと、そして大学側からは、できるだけ多くの高校生に進学先として選んでもらうことを目的とする「期待」が強化されていく。このように「つながり」や「期待」をめぐって高大連携実践にはいくつかの課題があると言われている。

まずは、高校教員、大学教員相互の理解不足である。もちろん双方が、高大の関わりを事業化することで学びやすい環境を作り出すことはできるだろう。しかし、お互いが互いの状況や悩みを知ろうとせず、仕組みの中に組み込まれてしまったプログラムは目的合理的になり、単発の「入試・入学説明会」のようになってしまう。それゆえフォーマル、ノンフォーマルな関わりの中で教員同士が関わりを継続していけるような緩やかな枠組みが必要になるだろう。

第二に、相互に学び合う姿勢の不足である。大学側は、ややもすると大学の資源を提供してあげるという意識に陥りがちである。こうした意識は、関係を硬直化させ、有意義な連携を阻んでしまう可能性がある。大学関係者が高校生や高校教員に学ぶことが多いのは、自明のことである。大学生と高校生が学び合っていく、大学教員と高校教員が学び合っていく。そのような「場」になっていくことを「期待」している。

さて、初めて開催された2007年から今日に至る16年間、福祉系高等学校との交流フォーラム構想を具体化するための二つの柱があった。一つ目は、福祉系高校の教員を中心に福祉教育関係者と学び合う機会としての「福祉教育研究フォーラム」であり、二つ目が、大学生と高校生（近年は必ずしも福祉系高校の生徒に限らない）が、青年期の福祉の学びを実質化するプログラムとしての「高校生・大学生のつどい」である。つぎにそれぞれを紹介していきたい。

5　福祉教育研究フォーラム

福祉教育研究フォーラムでは、青年期の社会福祉の学びを共通のテーマとしながら高校と大学が、①今日の福祉をめぐる教育諸課題の解明、②高大連携教育・教育実践の交流、③福祉教育のあり方の探究を通じ、高大連携による教育発展、研究充実に向けた交流・研修事業を行うプログラムである。

このプログラムでは、当初の①青年期への福祉専門教育のあり方の模索、②福祉系高校教員の研究・研修機会の創造、③福祉文化創成事業としての高大連携という3つの目的を引き継ぎながら学びの機会を構築してきており、本学における高大連携実践の非常に重要な柱の一つである。

フォーラムは例年、二部ないし三部構成で開催されており、その年度の実行委員会で検討してきた総合テーマに基づき、講演や対談による第一部、分科会、パネルディスカッションなどの第二部、そして交流の第三部が組み合わされながら実践されてきた。

2022年のプログラムでは、統一テーマを「福祉への興味・関心をどのように高めるか」とし、第一部で文部科学省初等中等教育局視学官の矢幅清司先生より「地域に必要とされる福祉教育の取り組み」というテーマで講演をいただいた。参加した高校教員からは、

「ますます介護実材が不足するとともに、福祉系高校だけではなく、普通科の生徒にも介護や福祉に関心を持ってもらえる取り組みをしていかなければならないと感じました。」

という感想があったり、学生からも、

「日本の社会構造の変化から見ても分かるように、今の日本には福祉を担う人材の育成、福祉を学べる環境づくりについて、もっと幅広く考えていかないといけないと感じた。教育の現場のみでなく、現場（介護）、地域との連携が大切だと強く思った。」

という感想があったりと、参加者それぞれが思考を巡らせる大切な時間になっていることが看取された。

続く第二部では「観点別評価について考える」「（福祉の学び）授業実践報告」「現場と学校がつながる意義と課題」の3つの分科会がもたれた。

分科会①「観点別評価について考える」への参加者からは、「難しい、わからない、はじめてから逃げるのではなく、まずは面白がってやってみようと思いました」。（高校教員）

分科会②「（福祉の学び）授業実践報告」の参加者は、

「講義を聞いて、資料の見せ方や気の引き方が素晴らしくて、実際に生徒にしている授業を見学させていただきたいと思った。」（大学生）

そして、分科会③「現場と学校がつながる意義と課題」の参加者からも、

「地域と繋がりをもって活動するために、何が必要なのかを考えることができました。繋がりをつくり、活動を深め、継続させていくために重要なキーワードをいただくことができました。」（高校教員）

といったように、いずれのテーマも高校の教育現場において関心の高いテー

マゆえに参加者にとって有意義な時間になっているといってよいだろう。

　第三部では、「福祉教育の魅力の創造・発信について考える」というテーマで参加者がグループディスカッションを行い、参加者それぞれの福祉教育の魅力の創造・発信に関わる想いや実践が共有された。

　以上のような取り組みを16年間継続してきた。この継続の意味は、「つながり」の重要さを示すとともに、高大連携に本来的な「期待」を感じることのできるプログラムになっていると考えている。

6　高校生・大学生のつどい

　他方、もう一つの柱である高校生・大学生のつどいもこの間継続されてきた取り組みである。参加する高校はフォーラムと同様概ね愛知県をはじめ三重県、岐阜県等の福祉系高校の生徒であり、近年は、7月下旬の日曜日に開催している。この企画では、大学生が高校生と語り合いたいテーマについて事前に検討し、学習をしたうえでつどいに臨み、高校生と語り合う。大学生は、メンターとしての立場で高校生にわかりやすく説明することで自身のテーマの理解も深めていく。次に近年のつどいの実践報告を行う。

　２０２１年度は、「語り合おう　ヤングケアラー問題」というテーマでヤングケアラーの実態や何が問題とされているのかについて大学生が説明し、6つのグループに分かれてディスカッションを行った。ディスカッションでは、国や自治体からの支援策や、個人でもできる啓発活動やボランティア、相談支援など多岐にわたる意見がだされ、大学生にとっても、適切なタイミングでの情報提供が求められるため、学びの多いプログラムとなった。参加した高校生からも「ヤングケアラー問題はネガティブに捉えられることも多いが、視点を変えることでポジティブな意見も多く出た。自分にできることを考える機会を得ることができてよかった」という意見や、「同級生や同世代と意見交換をすることで、視野を広げることができた」などの意見が寄せられた。

高校生・大学生のつどいの様子

　２０２２年度は、「ふくしと私たちのミライ」というテーマで福祉テクノロジーについて学習したうえで、「もしあなたが介護されるなら人間がいいですか、ロボットがいいですか。」という問いについて語り合った。約60年後の２０８０年、福祉テクノロジーはどのように変化しているのか、また自分たちはどのような介護支援を望むのかについてグループワークを行った。グループでは、「人間による丁寧で温かい支援が受けたい」といった意見や「人間の補助として、効率と機能性の高いロボットやシステムなどのテクノロジーに期待したい」という積極的な意見が交わされ、大変白熱した。

一方、つどいを企画し、進行した大学生は、「まずこのイベントを考える時に、高校生と大学生の違いや同じ点について考え、どのようなことを情報として入れる必要があるのか考えた。私たちが高校生の時にどのような情報が欲しかったかなどを振り返り、その情報をどうかみ砕いて説明していくのか考えた。また、高校生がプレゼンテーションを聞いている時間が長いため、クイズを入れたり高校生が考える時間を作ったりして、退屈な時間だと思われないような工夫をした。」という感想を述べている。

以上のように、高校生と大学生のつどいは、先の福祉教育研究フォーラムと併せて、ふくしと教育を複層的に繋ぎ合わせながら取り組まれてきた。最後に、これらの実践から見えてきていることはどのように解釈できるか次節でまとめる。

7 実践から見えてきていること
―大学側からの視座―

本稿で紹介してきた高大連携実践を通して見えてきていることは、なんであろうか。とりわけ大学側からの視座からまとめてみたい。まず、高校の教員と大学の教員が緊密なコミュニケーションをとりながら関わり続けること、そしてその関わりの中で高校生、大学生の状況を踏まえながらプロジェクトに取り組むことの重要性である。この16年間で本学と高校の確かな関係が築かれてきていると言ってよい。それには、単純に高校教員と大学教員がそれぞれにお互いの人となりを知っていくという教員間のコミュニケーションにとどまらず、大学職員も密接に関わっていることも見逃せない。そしてそれは、一義的な目標として「学生募集」をおく関わりではなく、いかに地域にふくしの文化を拡げ深めていくかということで協働していく可能性を拓くときには欠かせない要素である。そして日本福祉大学のみが主催するのではなく、プラットフォームとしての日本福祉大学が、プラットフォームとしての福祉教育研究フォーラム実行委員会を一緒に盛り上げていく。このネットワークがふくしの文化を地域に根付かせていく一助になっているように思う。

また、この実践を続けることは、同時に高校での授業実践がよりよくなること、そしてそれを研究として、高校教員に刺激を受けながら学んでいくこと、大学教員が高校教員の研究として、教職員の研修の場として、つくりあげていくことを継続していくことを意味している。そして、高校教員と大学教職員の交流・連携ネットワークが様々な形で構築されること。この高大連携実践を契機として、インフォーマルな学びの場がたくさん生まれ、あらゆる人が学びを深められる。これからもそのような高大連携を模索していきたい。

※1　勝野頼彦『高大連携とは何か―高校教育から見た現状・課題・展望―』学事出版、2004年

ふくし原論

福祉と教育の接近性を吟味する

原田正樹

● profile
はらだ・まさき
日本福祉大学学長。博士（社会福祉学）。
日本地域福祉学会会長、日本福祉教育・ボランティア学習学会前会長。

福祉と教育の接近性について、その概観について語る。「ふくしと教育」通巻34号の巻頭言をもとに、書き下ろす。福祉と教育の関連を論考することは、福祉教育と教育福祉のあり方、今日の子ども・若者を取り巻く社会の問題を見据えることである。

はじめに

福祉も教育も、そもそも「人と社会」を相手にした営みである。よって福祉と教育はそもそもつながっている。この福祉と教育の領域をさらに強く重ね合わせようとする力が近年増してきている。今まで以上に、福祉と教育が密に重なり合い、連携していく必要性が高まっているといえる。

こうした状況を「福祉と教育の接近性」と言ってきた。この接近性の中身を吟味することが、福祉教育や教育福祉の関連を分析するうえで重要である。

拙稿では、この接近性について叙述するが、けっして論文として緻密に論考したものではない。多様な視点を描写しながら、その背景や論点について語っていく。

福祉と教育の接近性

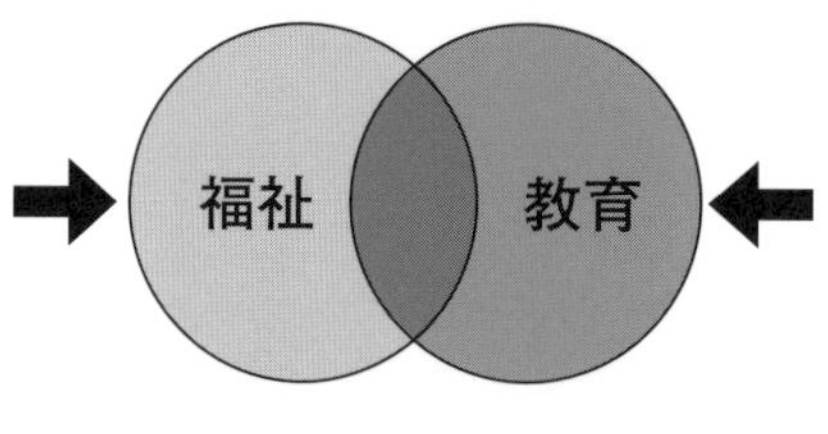

福祉と教育を重ね合わせようとする社会背景が重要

1 歴史的な考察から

小川利夫先生は、「福祉は教育の母胎であり、教育は福祉の結晶である」と表現しているが、まさに教育と福祉が交差する境界の意味を今日的に検討しなければならない。同時に、小川先生は「両者の統一を無原則的に前提とし、それにのめり込んでしまいますと、その結果というものは必ずしも子どもの権利を十分に保障していくという方向には進まないということが、戦前、戦時中のにがい経験からも指摘できる」(『教育と福祉の理論』一粒社、1978年)と述べている。

今日的な時代背景のなかで、なぜ教育と福祉のつながりが政策的も実践的にも再注目されているのか、日本福祉教育・ボランティア学習学会としては、その構造を今日的に明らかにしていくことが必要である。

「福祉と教育の連携・協働が大事だ」だけではいけない。小川先生の指摘している無原則的に接近することは、子どもの権利の保障につながらないということ。それを戦前・戦中の歴史から学べという。

今、日本ではこども家庭庁が創設され、「こどもまんなか社会を目指す」としている。子どもをまんなかに据えて、多様な専門職の連携(多職種連携)が必要である。もしくは様々な機関が協働していくことが大切である、こうした言説は間違いではないが、その目的や方向性(理念や価値などを含む)が吟味されないまま、連携・協働といった形だけが先行することの危険性を警告している。少し大げさな言い方かもしれないが、よかれと思って福祉と教育が連携した結果、気がつくと子どもを戦地に送り出していたという過去の反省を私たちは繰り返してはならない。

そこに至らなくても、大人の善意が、子どもたちを監視し、縛り付けてしまうこともありうる。ときには、子どもをまんなかにして、福祉と教育が対峙する覚悟を持つことも専門職として大切な矜持であろう。

城戸幡太郎先生は、「教育の目的は福祉であり、福祉の方法として教育が考えられる」(『教育と福祉の理論』座談会、一粒社、1978年)としている。具体的に、城戸先生は教育の目的として生活教育と労働教育の重要性があるとしている。さらに、福祉の側から教育を考える場合に、消極的意味と積極的意味があるとして、前者に治療教育、後者には予防教育といったものがあるのではないかとしている。前者には児童福祉があたるとして、もう一方ですべての児童、国民を対象にした生存権・労働権を高めるための教育が必要になると問題提起している。

城戸先生のいう「消極的意味」と「積極的意味」について、きちんと整理してみる必要がある。私としては、消極的、積極的という表現は今の時代には馴染まないように思うが、支援と健全育成を両輪として、福祉と教育の関係を問う意味は大きい。今回、こども家庭庁の構想から文部科学省が離脱し、こども家庭庁の所管の範囲が支援に偏重してしまったことは残念である。

城戸先生のいう「生活教育」については、留岡清男先生の『生活教育論』(西村書店、1940年)が基本文献になる。このなかで、留岡先生は明治以降における国政の児童観を文部省の「文政型」、厚生省の「恤救《じゅっきゅう》型」、司法省の「行刑型」という三つのタイプにわけて実証的に特徴づけている。

　こども家庭庁は、「強い司令機能を発揮する」として、従来の施策を移管、共管、総合調整をしていくとしているが、留岡先生の指摘された視点を、現代の文科省、厚労省、法務省、内閣府など政策的な児童観の違いを、今日的に分析してみる必要もある。そのうえで、現代の子ども・若者の実態について共通理解をしておく必要もあろう。

　また、ここでは十分にふれられないが、現代における「生活教育」とは何かを考察してみる必要もある。源流であるペスタロッチの「生活が陶冶《とうや》する」に象徴されるような営み、それはルソーやデューイらの思想を経て、日本における新教育運動の歴史、さらには今日の「生きる力」をめぐる展開をふまえて、生活と教育の在り方を吟味してみる必要もある。そのことは、福祉教育の内実をつくるうえでも重要な視点といえる。

2 今日の子ども・若者を取り巻く状況から

　子ども・若者の生活の変化という視点から、1970年代後半、大橋謙策先生は、福祉教育が求められる背景のひとつとして、子ども・青年の発達の歪みをあげた。

　具体的には、①社会的有用感の喪失、②集団への帰属意識、準拠意識の希薄、③成就感、達成感の欠如、④対人関係能力、自己表現能力の不足、⑤生活技術能力の不足である。

　これらについては、約50年を経て、ますます深刻化していると言わざるを得ない。内閣府による「我が国と諸外国の若者の意識に関する調査」の結果では、日本の若者は自己肯定感・自己有用感が低く、社会参加・ボランティアへの意識も他国と比較すると低い結果が出た。生活技術能力どころか、基本的な生活習慣の乱れも指摘されている。また、子どもの貧困、虐待、いじめ、不登校、ヤングケアラー、ここ数年は15歳から39歳の死因の第1位は自殺である。家庭や地域の教育力は向上する兆しよりは、一層希薄化が進展するなかで、学校内外において子ども・若者たちの孤独・孤立の状況が増している。

　大橋先生は、こうした問題を、彼ら子ども・青年自身の問題というよりも、大人の社会の反映としてとらえ、社会問題として認識する必要性を指摘している。「子どもは社会の鏡」と言われるが、子どもの支援を考える前提に、なぜ現代社会でこうした問題が生じるのか、その背景にある私たちの社会の歪みを考えなければならないのであろう。

　また、大橋先生は、その解決のためには学校教育以前の問題として、家庭や地域の人間の生活が貧困に伴う、家庭や地域の教育力が脆弱化してきたことを論及している（大橋謙策『地域福祉の展開と福祉教育』全国社会福祉協議会、1986年、101-105頁）。このことはコロナ禍で顕在化したともいえる。

生活不安定層の脆弱性と拡大。家庭機能や地域の変化だけではなく、非正規雇用など就労形態の変化に伴う雇用の変化。こうした、従来、生活のなかの衝撃を緩和してきた家庭、地域、職場といったショックアブソーバーの機能がなくなってきたという社会構造の変化を踏まえる重要性を指摘している。

3 福祉教育と教育福祉の視点から

こうした現代社会のなかで、私たちは改めて福祉や教育の在り方を問わなければならない。福祉教育によって、「共に生きる力」を育むことが、子どもたちの成長の糧になる。同時にそれは生涯学習を通して、地域共生社会を創る礎になっていく。

一方で、教育と福祉の谷間にある教育権と生存権の諸問題として教育福祉の問題解決に取り組むこと。福祉教育を実践する際に、こうした教育福祉の現状を無視、あるいは乖離しては成立しない。学習者である子どもたちが抱えている辛さの共感や問題の共有がないままに、大人が福祉のあるべき論を語っても、子どもたちには伝わらない。それどころか建前や偽善的な説教で終わってしまう。

今、実践されている福祉教育プログラムは、こうした子ども・若者たちの生きづらさに応えられるようなものになっているのか。あるいは、そうした社会を変えていこうとする志向性を有しているだろうか。そのことを福祉教育の実践者は問わなければならない。

古くから社会福祉協議会は、福祉教育実践を通して学校と関係をつくってきた。この関係を福祉教育実践のためだけのものにしてはいないだろうか。児童や生徒たちの抱えている生活課題、その解決にむけて学校と連携していく。学校だけに生活課題の解決を委ねるのではなく、地域でそのことを受け止める機会になる。まさに教育福祉という視点からの働きかけであり、つながりである。社協と学校は、福祉教育だけでなく、教育福祉の視点からも学校とつながることで、双方向の関係がつくられていく。そのことは最初こそ社協と学校の二者関係であったとしても、まさに福祉と教育、地域と学校をつないでいくことになる。

すでに社協のボランティアコーディネーターやコミュニティソーシャルワーカーが学校とつながり、学校の教員だけではなく、スクールソーシャルワーカーと協働して動いている事例は各地で報告されている。ただし、ここで留意してほしいのは、支援の必要な子どものためのネットワーク、つまり教育福祉の視点だけでもないということである。先述したように、健全育成、もしくは予防としてすべての子どもにとって必要な福祉教育の視点と、教育福祉の両方の視点が同時にあるということである。その意味では、コミュニティソーシャルワーカーやスクールソーシャルワーカーが、支援というアプローチだけではなく、福祉教育を実践するという意義が大きいのではないだろうか。それが教育福祉と福祉教育を架橋することにつながる。

4 最近の「自立」をめぐる論考

福祉と教育をつなぐ大切な概念として「自立」がある。この自立という考え方も時代とともに変化してきた。

とりわけ2000年前後、人の存在についてさまざまな論説のなかで、その弱さを肯定的に捉えなおそうという動きが広がった（例えば、立岩真也『弱くある自由へ－自己決定・介護・生死の技術』2000年 青土社、奥田知志『「助けて」と言える国へ－人と社会をつなぐ』2003年 集英社）。その背景には、新自由主義のなかで自己責任論が強まるなかで、人間にとっての自由や社会との関係が問われていた。同調圧力が強い日本社会のなかでは、「助けて」と言い出せない。我慢することが美徳とされ、自立できないことは本人の能力の無さに責任転嫁されていく。

そもそも人間の弱さは否定されるものではなく、私たちの弱さがあるが故に「ケア」が大切にされ、人と人とのケアリングが営まれてきた。大変なときには、「SOSを出していいんだ」という「受援力」という考え方に注目が集まった。

熊谷普一郎先生は「自立とは依存先を増やすこと」と語っている。脳性麻痺の障害がある熊谷さんは、「自立」とは「依存」しなくなることではなく、むしろ自立していくために依存先を増やしていくことであるという。

それは障害のある人のことだけではない。私たち人間は、本来、依存しなければ生きていけない。そのことを認め合い、相互に支えあっていくことができる地域をケアリングコミュニティという。

そのときに注目する考え方に、interdependenceがある。心理学の分野では依存的自立と訳されることもあるが、まだ学術的な定訳はない。今までのような個人としての自立にとどまるのではなく、相互の関係性のなかで自立を捉えようとする視点である。私はこの考え方を「相互実現的自立」という訳を提案している。相互実現というアイデアは、木谷宜弘先生のものである。木谷先生は徳島県で善意銀行を立ち上げた。善意銀行は全国に広がり、やがて社会福祉協議会のボランティアセンターとして発展していくが、木谷先生はその先頭に立ち、ボランティアの普及に努めた。

木谷先生にボランティアとは何かと尋ねると、先生は「相互実現の途」と答えた。ボランティア活動のなかでは、ボランティアする人とされる人がいるのではない。ボランティアとは、お互いによりよく生きようという相互関係が結ばれることが大事だと言われていた。それはマズローがいう「自己実現」にとどまらない、「相互実現」という考え方である。

自立を考えるとき、ケアリングコミュニティや相互実現といった視点、つまり地域共生社会の考え方を見すえたとき、福祉と教育の内実としての「自立」のあり方を考えてみることが大切である。

5 実践方法としての「協同実践」

福祉と教育の接近性を踏まえて、福祉教育や教育福祉の実践をしていくときの方法論として「協同実践」がある。協同実践とは、担当の先生や職員だけが実践をするのではない。あえて複数の人たちと一緒に実践をつくっていく。その際には、学習者自身もひとつの実践を形つくる構成員として位置づけられる。そうした協同実践で重要なのは、実践のプロセスのなかで、関わる人たちのなかで学びあいがあるということである。

だれかが福祉を教えるのではない。福祉を教わるわけでもない。そうした一方通行の図式ではなく、どうしたら共に生きることができるのか、お互いが学びあっていく。企画から実行、リフレクションに至る過程を、協同で行うという福祉教育実践で生み出されてきた方法論である。

プログラム評価として、学習ニーズを踏まえているか、目的やねらいが吟味されているか、かつ多くの実践者ともに対話による検討を重ねられているか、リフレクションとして実践にかかわったすべての人たちが相互に行われているか、こうした協同実践のなかで、先に述べたような状況について、子どもや若者も含めた関係者が語りあうことで、福祉教育の質は高まっていく。

内閣府の「孤独・孤立対策」重点計画では「共に生きる力を育む教育」が位置づけられた。「助けてといえる」、「SOSを出していいんだ」といった受援力を育むような福祉教育。困ったときにどこに相談すればいいのか、どんなセーフティネットがあるのかを教える社会保障教育。コミュニケーションやライフスキル教育、社会貢献を通して市民性を育むサービスラーニングなど、広くとらえて「共に生きる力を育む教育」とされている。

いまだに多くの社会福祉協議会が実践している疑似体験や介護技術の演習を真似たプログラムではこのことは実現できない。今実施しているプログラムをどう見直していくのか。新しい施策が動き出すことをひとつの機会に、関係者で話し合ってみることが必要である。

その話し合いの際に、教育福祉のことをテーマにすることを提案したい。地域のなかで、どんな教育福祉の現状や課題があるのか。そのことを共有することで、福祉教育の質が高まるのである。そうしたことが議論できるようなプラットフォームの展開ができることが望ましい。

つまり「教育福祉」のあり方を考えることは、「福祉教育」の質を深めることであり、そのことは福祉と教育、教育と福祉の間を問うことである。福祉と教育の間、すなわちそれを検討することが接近性を分析することになる。

ふくし最前線

「ふくし」の見方・考え方・感じ方を育てる探究学習

中山見知子

● profile
なかやま・みちこ
群馬県立吾妻中央高等学校福祉科主任
平成元年、家庭科教諭として群馬県教育委員会に採用された。平成17年度に、業務命令で福祉教諭免許を１年間大学にて科目を履修し取得、前任校の福祉系列立ち上げに関わった。令和５年３月、鳴門教育大学大学院修了。

1 ピンチはチャンス！ 探究学習を始めよう

令和2年のCOVID-19の感染拡大にともない、本来は福祉機関で行う「介護実習」を急遽、校内実習として実施することになった。実際の福祉機関での体験学習ができないことは大変残念なことであるが、ピンチはチャンスと捉え、探究型に活動をデザインした「校内福祉研究発表会」を前任校であるA高等学校で実施することとした。

A高等学校の校内福祉研究発表会は、令和2年8月から令和3年3月まで実施した。各回の実施期間、研究内容、参加した生徒は、**表1**のとおりである。A高等学校は総合学科の高校で、介護福祉士国家試験の受験資格を取得できる課程を30名定員で実施しており、主に2・3年生で高等学校教科「福祉」の授業を実施している。福祉研究発表会は、各年度

表１　A高等学校の校内福祉研究発表会実施時期と参加生徒数

回	実施期間	研究の概要	参加生徒入学年度		
			2018年	2019年	2020年
1	2020年 8月～11月	３つの紙事例の生活支援技術を考える	19人	27人	
2	2020年11月～2021年１月	１人の方の年代が違う事例の生活支援技術を考える	19人	27人	
3	2021年 1月～３月	頸椎損傷により車いすユーザーになった方の研究		27人	21人
4	2021年 4月～７月	A高等学校が福祉避難所になったら何ができるか		27人	21人
5	2021年７月	他地区の高等学校と３つの紙事例の生活支援技術を考える			21人
6	2021年９月～2022年１月	心臓移植と脳血管障害により車椅子ユーザーになった方の研究		27人	21人
7	2022年 2月～３月	難病により車椅子ユーザーになった方の研究		27人	21人

の介護実習を履修している2・3年生合同で3単位分の授業として実施した。

2 見方・考え方・感じ方を育てる主体的・対話的で深い学び

縁あって、大学院で学び直しを行うことになり、主体的・対話的で深い学びによって福祉の見方・考え方だけでなく、対象者のことを理解しようとする「感じ方」も育成するための福祉研究発表会の活動のデザインを以下の3点にまとめた（中山、２０２３年）。

・課題は、効果的な学習を狙って設計されたもの、現実に即した事例課題とする。

・学習方法は生徒が問題を発見し、方法も生徒が決める問題発見・解決学習とする。

・総括的評価で順位づけをするだけではなく、形成的なカンファレンスの実施が必要である。

令和2年度の実践授業の概要は表2のとおりである。

表2　第１段階のＡ高等学校の実践授業の概要

	事例課題	評価	グループ
1	過去の全国大会の事例で介護技術の研究	発表時にカンファレンス	グループ編成が先
2	１人の方の３つの年代の介護技術の研究 教員が本人として応対する	毎時間と発表時にカンファレンス	研究問題を決めてからグループ編成
3	頸椎損傷の方の研究 本人とのやり取りがある	毎時間と発表時にカンファレンス 少人数の実施 Google Classroom の活用	研究問題を決めてからグループ編成 途中でグループ再編成

1回目は、全国高校生介護技術コンテストや各地区・県大会の紙事例を使用した。自由にグループを組んでから、話し合いによって課題を発見し研究テーマを決め、最終の発表会で振り返りのカンファレンスを実施した。

2回目は、事例課題を1人の方が65歳、75歳、90歳と年齢が変化していく3つの事例とし、生徒全員が同じ対象者を研究できるようにした。また、架空の紙事例ではあるが教員がその人になり切り、質問等に答えられるようにした。1回目では、まずグループを組んでから課題を発見させたため、本当に自分が研究したい課題に取り組めない生徒がいた。そのため、最初に研究したい事例を各生徒が選び、選択した事例と選択理由をホワイトボードに張り出し、一定期間をおいてグループを決定した。そのため、いつもの仲良しではないグループ構成が見られ、2・3年生の合同グループも誕生した。1回目では、総括的評価の場である最終の発表会でしかカンファレンスを行えなかった。2回目では毎時間にお互いの研究内容を報告して形成的なカンファレンスを行った。

2回目の実践授業後に、福祉の学習について質問紙調査を行った。生徒は、新しいことを学習する時に、自分にできるか不安で、新しいことを始めようと決めても、出だしでつまずくと、すぐにあきらめてしまう傾向があり、計画的に学習できないと感じていることが示唆された。一方で、知りたい

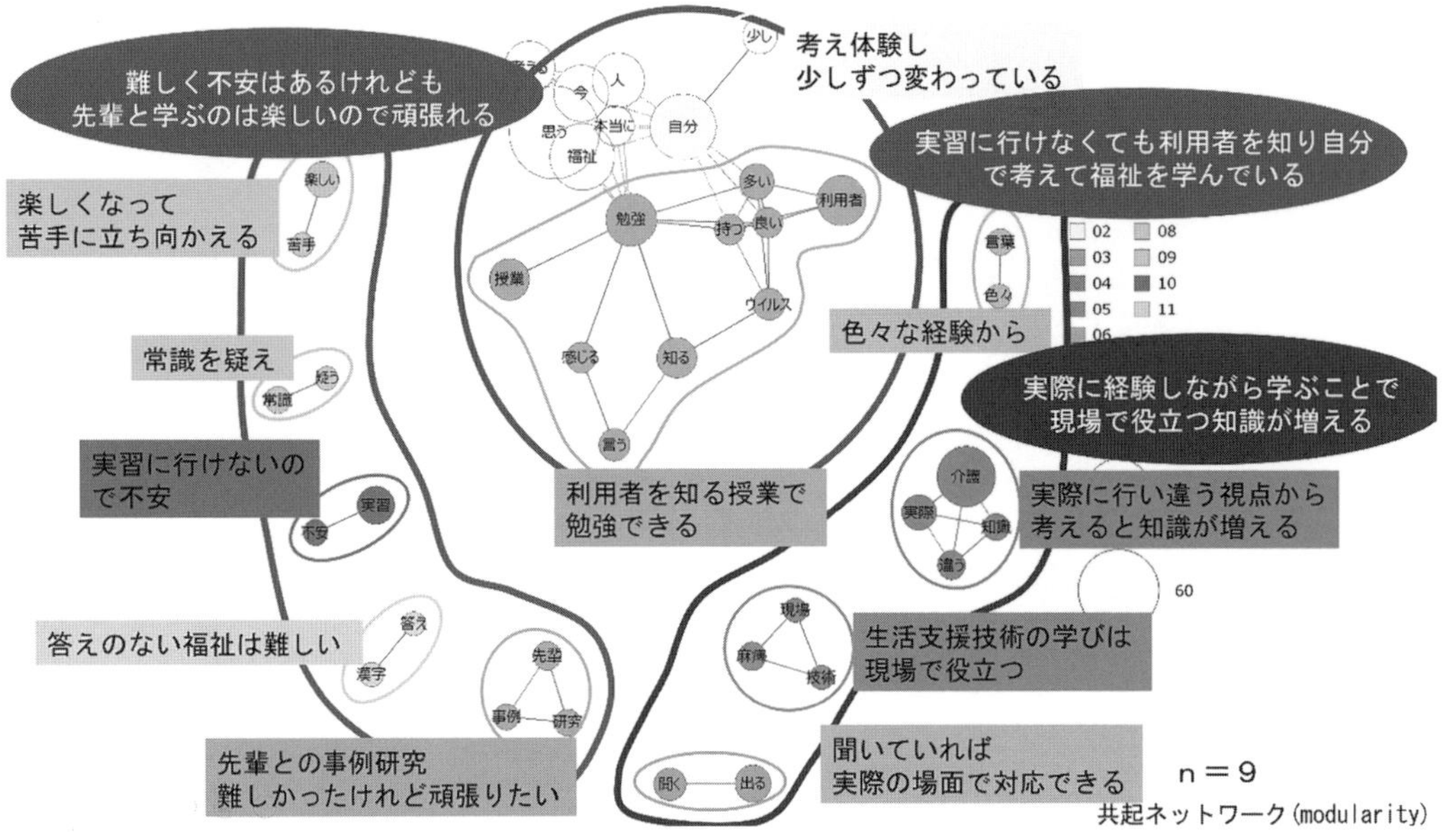

図１　福祉研究発表会について記述した作文サブグラフ共起ネットワーク（modularity）

こと・わからないことは、専門職や当事者の人に聞いて調べたいと考え、わからないことは、誰かと一緒に考えたり、調べたりすると解決できることがあるので物事を決めるときは、できるだけ多くの事実や証拠をもとに、客観的に判断するようにし、学習で、大変なことがあっても、最後までがんばろうと意欲をもって学習に臨んでいることも示唆された。

福祉研究発表会について記述した作文を、計量テキスト分析ソフトKH Coderで共起ネットワークを作成し、サブグラフ検出（modularity）し分析したところ（図1）、コロナウイルス感染拡大の影響で介護実習を福祉機関で実施できなかったが、福祉研究発表会の学習により、生徒は利用者さんを知り、自分で考えて福祉を学べていると感じていること、シミュレーション教育であっても、実際に経験したように学び、現場で役に立つ知識が増えていると感じていること、福祉研究発表会の学びは難しくて不安もあるが、先輩と一緒に学ぶことで、学習成果を感じていることが見て取れた。

3　課題事例・学習方法・評価方法をデザインした3回目の実践

3回目の事例課題は、転落事故により頸椎損傷で車いすユーザーになったB氏にご協力をいただき、現実の事例課題で実施した（図2）。研究グループは研究したいテーマを各自が考え、研究したい内容が近い生徒同士で組めるようにした。

図２　転落事故により頸椎損傷で車いすユーザーになった当事者の方のお話を聞く

グループは上限人数を3名とする以外は自由に組めるようにし、途中での変更も可とした。振り返りのカンファレンスは、2回目は毎時間のカンファレンスを全体で実施したため、参加人数が多すぎたという反省から毎時間のカンファレンスは人数を絞って実施し、各生徒が学びを振り返れるようにした。

3回目は、3年生が自宅学習に入り、2年生のみでの実施となった。高校入学試験の時期でもあり、学校での授業回数は4回しか確保できなかった。しかし、前年12月に一人1台の端末が配布され、学習管理システム（Learning Management System、LMS）としてGoogle Classroomが導入されていたので、生徒はデータをグループメンバーと共有し、自宅学習でも協働的に研究を進めることができた。また、B氏に質問ができるようにデジタルホワイトボードJamboardを用意した。さらに、教員ともデータを共有したので、いつでも振り返りを行うことができるようになった。

表３　第３回Ａ高等学校福祉研究発表会　研究活動内容

	研究テーマ	研究内容
A	Ｂさんが感じた視線	CiNii を使用して先行研究の論文を調査 Ｂさんと一緒に地元ショッピングセンターで現地調査を行い，動画を作成
B	バリアフリーの理解	隣町のショッピングセンターまで車いすで行き現地調査 調査結果から福祉教育について考えた
C	紹介を認めてくれる世の中にするために	Ｂさん以外の当事者の方に面接調査を実施 調査結果からこころのバリアフリーを実現するための動画を作成
D	Ｂさん専用のバリアフリー情報	Ｂさんが良く出かける自宅２km 周辺を現地調査しバリアフリー情報アプリで情報マップを作製
E	Ｂさんがまだ行ったことのない自宅２階に行く方法	Ｂさんの自宅の現地調査
F	差別や偏見などがなくなるようにみんなの考え方を変える	質問紙調査の結果をもとに，障害理解のポスターを製作し校内に掲示
G	Ｂさんが行きたいところに行く	Ｂさんが行きたいと言っている温泉旅館について県内施設を調べ，電話調査によりバリアフリー情報を収集
H	介護や医療に関わるメカを調べてＢさんにプレゼンする	Web 調査により最新の福祉・医療機器の提案
I	外食に行こう	Web 調査により市内の飲食店のバリアフリー情報を調査

B氏の研究には9グループが参加し、研究活動は**表3**の内容であった。

Aグループは、合同で行われた授業のインタビューでは情報が不足していると感じ、Jamboardを通じて、**図3**の①のようにB氏に個別の取材の申し込みをした。教員の手を借りることなくB氏と、**図3**の②のように日程の打ち合わせをし、地域にある商業施設での現地調査を実施した。

商業施設の現地調査では、車いすユーザーが感じる問題に

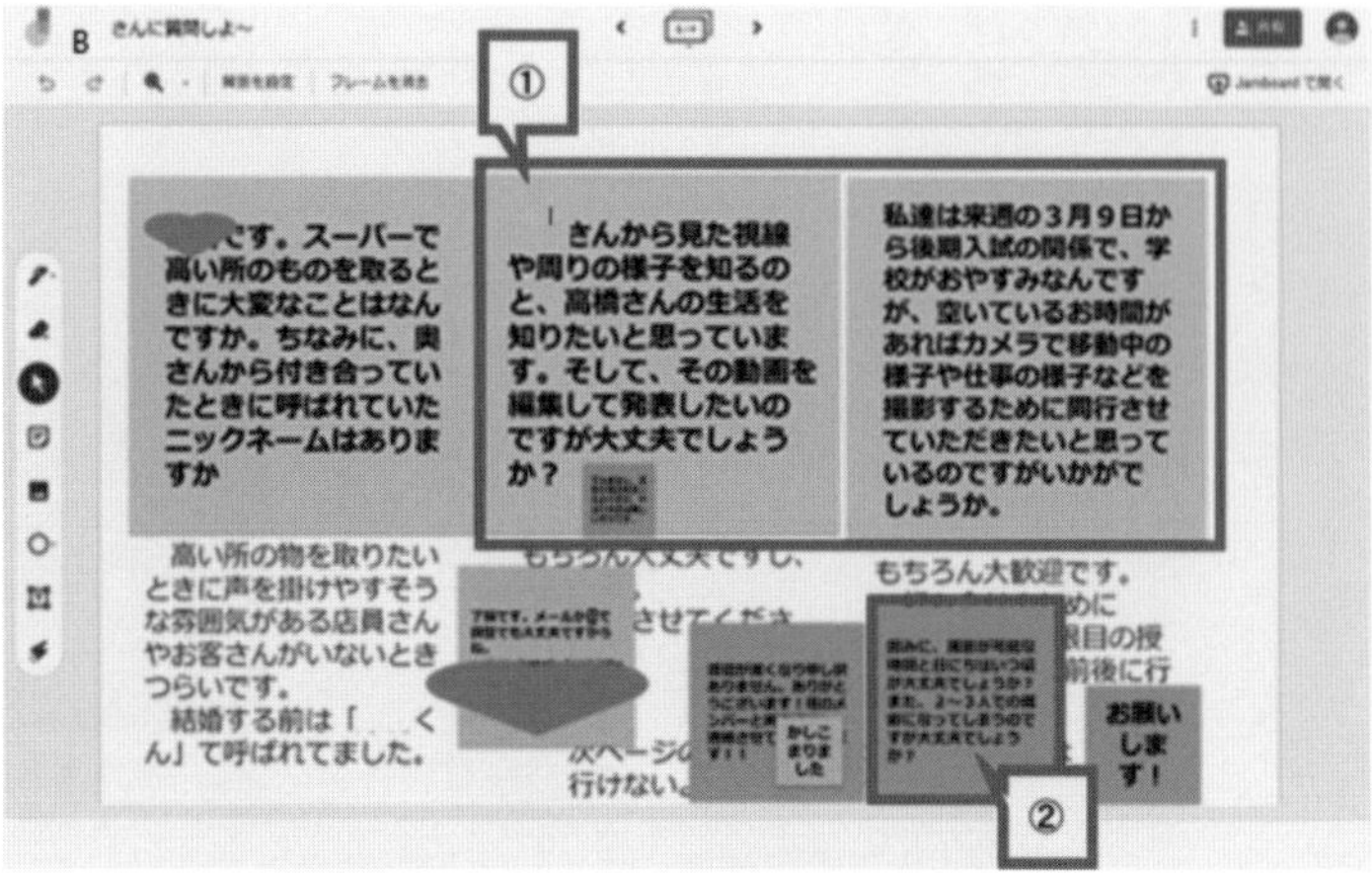

図３　ＡグループがＢ氏と取材交渉している様子
[Ｂ氏に質問できるJamboardの画面を取り込んだもの]

ついてＢ氏と一緒に体験し、考えることができた。障害者駐車場の問題点について、商業施設によってかなり差異があることに生徒は気が付くことができた。また、商業施設２階の床がなぜカーペットになっているのかについてＢ氏に聞かれ、答えることができなかった。カーペットにしている理由は、足音が響くのを防ぐためであるが、車いすユーザーにとっては移動が困難になることを知った。生徒は車いすの移動についてわかったつもりになっていたが、現地調査をしてみて発見することが多くあったようである。この商業施設でのバリアフリーに関する現地調査は、今回の実証授業以前は、教員が企画・準備して実施していたが、生徒が主体的に考え、実行することができた。

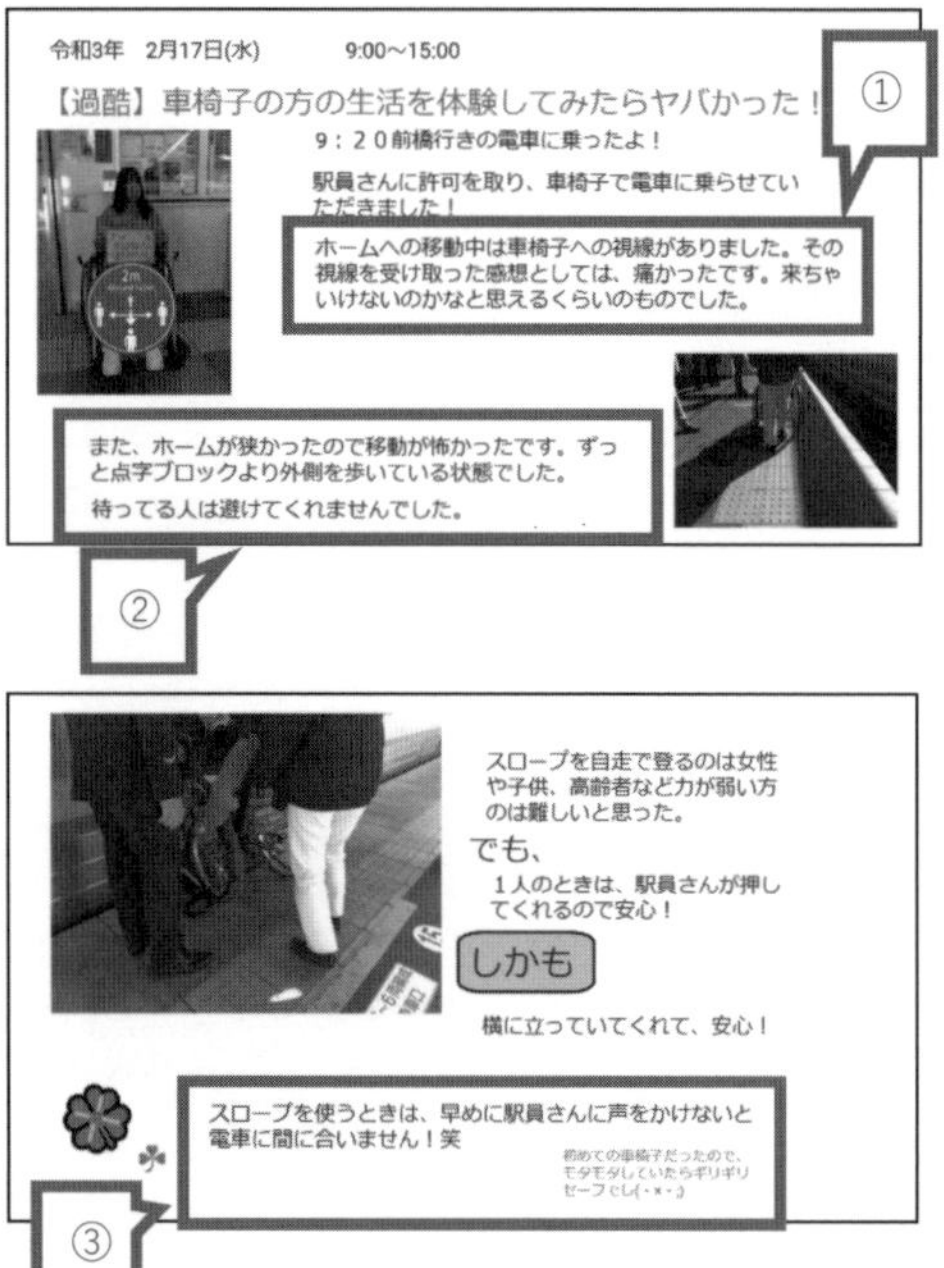

図４　Ｂグループ現地調査の様子
[生徒の発表スライドから]

　Ｂグループは、休日を利用して車いすで電車に乗り、隣町の商業施設へ行く現地調査を実行した。駅での車いすの使用については、生徒が自分たちで交渉した。事前に鉄道会社にアポイントメントを取った調査ではなかったため、車いすユーザーが直面する問題点に気が付くことができた。図４の①では、車いすに思った以上に視線が集まり、楽しいはずの外出にも困難が伴うことに気が付いた。この視線の問題は、商業施設でも感じることとなる。②では、車いすユーザーにとって公共の通路は使用しにくいことにも気が付いた。また、③は自分たちが普段利用するよりも余裕をもって駅に行ったにもかかわらず、電車に乗るには到着駅に連絡が必要などの手続きがあることを知らなかったため、危うく予定していた電車に乗れなくなるという経験について報告している。発見した問題について自分たちで解決法を考え、B氏に提案したが、B氏から自分たちの考えの至らなさを教えていただいた。車いすに集まる視線の問題と合わせて、Bグループは、福祉を学ぶ高校生ができることについてさらに考え、最終的な提言をまとめ、繰り返し解決策を考えることができた。

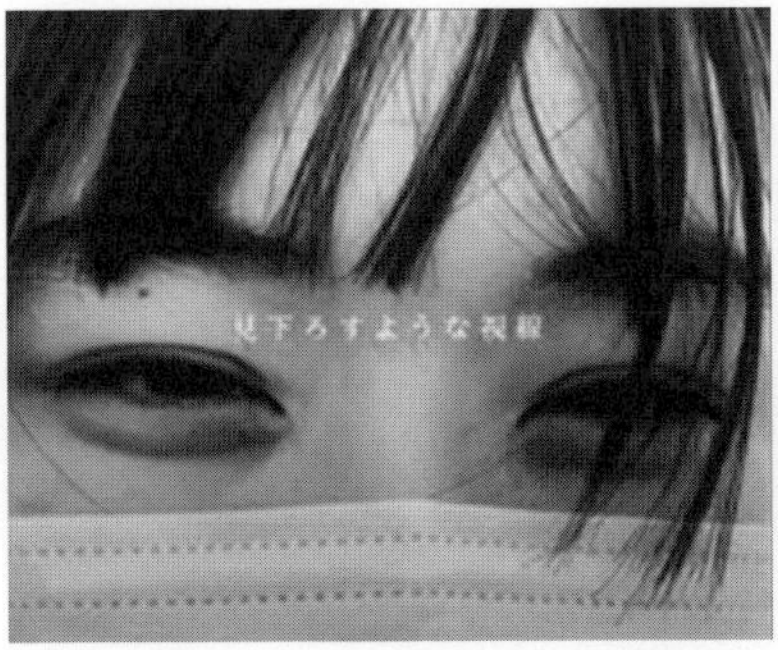

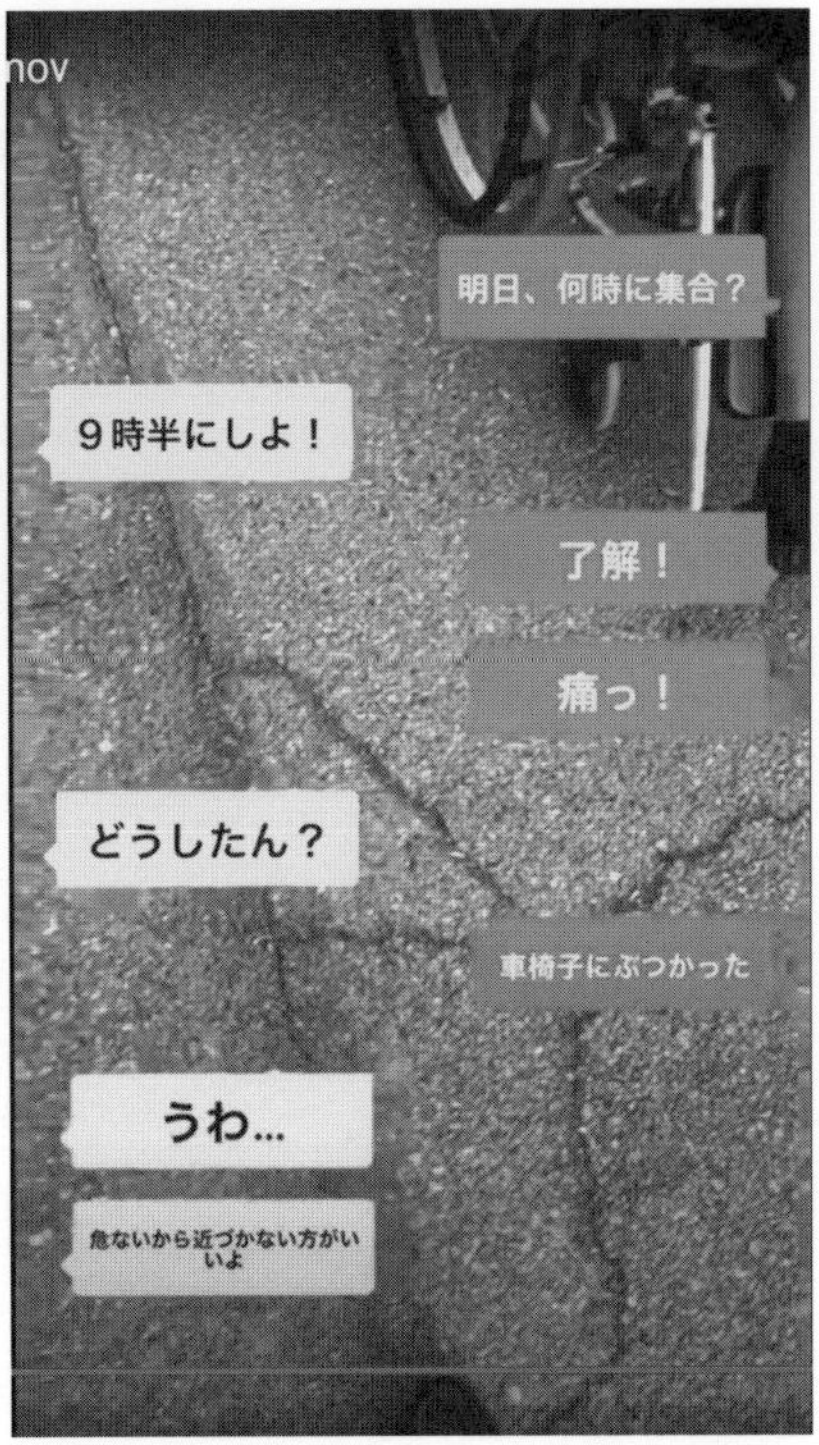

図5　Cグループ　社会を変える動画の作成
[生徒作成のスライドより]

Cグループは、B氏以外の当事者への面接調査から、「社会を変えたい」という強い思いを持ち、面接調査で印象に残ったキーワードをもとに、時間をかけて動画を5本製作し、より多くの人に知ってもらうための行動を起こした（図5）。

A・B・C以外も9グループ中の7グループが、Webでの調査だけでなく現地調査など何らかの調査を実施し、5グループが社会を変えるために自分たちにできる行動を起こした。

事例課題・評価・学習方法を探究型にデザインした福祉研究発表会では、生徒が、主体的に問題に取り組み、文献や自分、友人や当事者、関係者と対話的に学び、福祉学習を深め、社会を変えるための行動を起こすことが見て取れた。

4　探究型の学習は楽しいけれど難しく辛い

福祉研究発表会で最終成果物のパフォーマンスの差が出た原因について、第3回の福祉研究発表会後に集団面接調査を実施した。学習意欲もパフォーマンスも高いグループの記録

表4　学習意欲もパフォーマンスも高いグループの集団面接の記録から

S1：楽しい。考えるのが全部楽しい。スライド作るようになってもっと楽しい。自分の作ったものがデータに残せるというのが 好きなので。
S2：私，辛いです。調べるだけならいいんですけど，私発表になるとだめだめなので。発表が嫌いです。あ，辛いです。
S3：私は楽しい時も辛い時もどっちもあって，楽しい時は，自分の中で答えが見つかったりとか，煮詰まったりとか答えが見えない時はすっごい辛いです。
（辛い時はどうやって乗り切ったの）
S3：周りの人の意見とか聞きました。周りの人が結構教えてくれます。（ぐちとかも？）聞いてくれます。
S4：いろんな感情がありますよ。楽しいけど不安とか，でももう少しちゃんとやりたいとか，いろんな感情が混ざりますよ。

表5　学習意欲がそれほど高くなかったが、良い結果を残したグループの集団面接の記録から

S5：今までよりも広く深く考えるようになって，それが当たり前になるから関係ないことでも　どっちかなって自分で考えるし深く考えようって
S6：グループでやることで他の人とやって，コミュニケーション力とかも高くなるしいろんな人に話せるようになるって言うか
（中略）
S5：座学じゃないと，自分の考えに近い知識を調べて行こうってなるけど，常に迷う。逆に自分のやりたいことがわかんなくなっちゃう。
S6：本当に必要な情報なのかどうかが
S5：それに惑わされてあれってなっちゃうのが（座学は）
S6：（研究だと）必要な情報が必要なだけ調べられる

（表4）から、研究発表の学習に対しておおむね楽しいと思っているが、研究の辛さ・厳しさも感じており、仲間と一緒に学習することで辛さを和らげている様子がうかがえる。

　学習前は学習意欲がそれほど高くなかったが、最終的には良いパフォーマンス結果を残したグループ（表5）は、習熟型の授業では知りたいことを追求して調べることができず、学習意欲が減少することがあったが、探究型に活動をデザインした学習では、難しいが追及したいことを調べ、深く考えられるので学習意欲が向上し、良いパフォーマンス結果を残すことができたようである。

　学習意欲もパフォーマンス結果も思わしくなかった生徒は、学習に対し、大変、難しい、疲れると感じており、学習の意欲が低下しており、学習に取り組む態度が良い方向には向かなかったことがわかった。学習意欲の高い生徒も研究は大変、難しいと感じているが学習が楽しいとも感じている。楽しいと感じるきっかけについて「1回目のコンテストは、あーまたこれやるのやだなーと思ってたんですけど、2回目3回目は純粋に楽しかったです。2回目は自分が知らなかったことを褒めてもらったりして楽しいなと感じて、3回目は自分がやりたいことができてそれが楽しかった。」と発言している。

　学習意欲が向上しない、苦手意識のある生徒に対して、その生徒の得意なことは何かを考え、振り返りで共有し、各生徒の得意なことを活かした個別最適な学習をして、苦手が克服できるように、振り返りを生徒と共に行うことが必要であると考えた。

5　A高等学校の発展研究と得意を活かした研究

　A高等学校の3回目のB氏の研究には続きがある。B氏と地域のショッピングセンターで現地調査を行ったAグループの中の生徒1人が、車椅子ユーザーの駐車場はどうなっているのだろうという「素朴な疑問」を持ち、個人で研究を開始

図6　A高等学校 第3回研究から派生した障害者駐車場に関する研究［生徒作成のスライドより］

し、車椅子ユーザーの意識調査を実施した結果、当事者から239もの回答を回収することができた（図6）。

調査結果から車椅子ユーザーに必要な駐車場の要素は、近さではなく広さということに気がつき、友人と話し合いを重ね、障害者用駐車場のアイデアをまとめた。この結果を基に、県内商業施設の総務部長に、障害者駐車場について提案、「近さよりも広さが大事」という提案に対し、新しい視点だったと評価をもらい、逆に経営者としての指摘をもらうこともできた。研究内容について、現在開発中の店舗の参考にするために、駐車場の広さなどについてメールのやり取りを行った。この研究について生徒は日本福祉教育・ボランティア学習学会第27回埼玉大会で発表を行った（中山・藤村、2021年）。

また、第3回終了時には、研究が辛い・難しいと感じWeb調査のみしか実行できなかった生徒は、第31回産業教育フェア埼玉大会でヘルプマークの啓発について発表するために啓発動画を制作する（図7）など、学習に積極的に取り組む様子も見て取れている。すべての学習を一人でやるのではなく、生徒の個性と得意を活かして協働で行う探究型の学習を、繰り返して継続して行うことで、学習に向かう態度に変容が見られた。

図7　A高等学校 自分の得意を活かした研究活動［生徒作成のスライドより］

6 福祉研究発表会を県と地区で実施

A高等学校の所在する県と地区では、令和2年度より福祉を学ぶ高校生の大会として、介護技術コンテストだけではなく福祉研究発表会を実施している。令和3年の地区の福祉研究発表会の事例課題として、難病のALS患者の方のご協力をいただいた。コロナ禍ではあったが、ICTを活用し探究

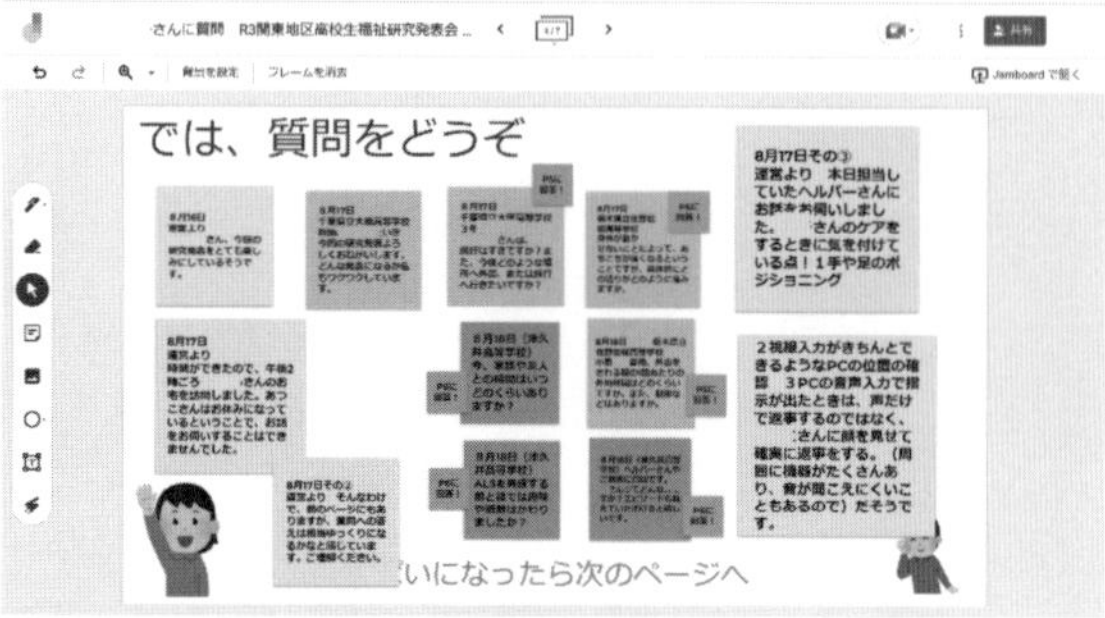

図8　当事者の方に質問できる Jamboard

表6　現勤務校での令和４年度の探究学習

回	実施期間	研究の課題
1	2022 年 4～5月	新しく赴任した福祉の先生の生活課題を解決する
2	2022 年 6～9月	群馬県の福祉の大会課題 介護技術（個人・ペア） 福祉研究発表（車いすユーザー）
3	2022 年 9月～2023 年 3月	１人の方の年代が違う事例の生活支援技術を考える

学習を行った。A高等学校と同じように、当事者の方に質問できるJamboardを用意し（図8）、生活の様子がわかるように、運営の生徒が、ご自宅での様子を撮影した動画を作成し、探究学習を行った。

7 現任校での探究学習　研究方法は鍛えて教える

令和4年に現在の学校に転勤し、探究学習を実施している。昨年度の研究課題は表6の通りである。A高等学校で、研究が辛い・難しいと感じさせてしまったのは、研究方法の習熟型の学習が不足していたのではないかと考え、1回目の福祉の先生の研究では、研究の方法について習熟学習を行いながら研究を進めた。

図9　神奈川県立津久井高等学校との交流発表会

また、3回目は、神奈川県の津久井高等学校と同じ事例課題を研究し、Web会議システムで両校をつなぎ、交流発表会を実施した（図9）。それぞれの学校の個性が表れた介護実践の発表となり、生徒は同じ事例でも様々な支援方法があることを知り、学習を深めることができた。

探究学習を実施する前後で質問紙調査をしたところ、「福祉の大会は、何度も練習し、振り返りを行うので、自分の考えを深めることができると思う」「福祉の大会は、自分で調べたり考えたりする学習なので、他の科目と比べて難しいと思う」「福祉の大会の事例課題を学習することで、福祉の知識・技術が増えると思う」の3項目について有意な差が見られ、探究学習は難しいと感じているが、福祉の知識・技術を身に付けることができ、振り返りを行うことで学習を深めていることが分かった。

各質問項目の相関関係を確認したところ「振り返りを仲間と行うことが大切だと思う」項目が、他の多くの質問項目と強い正の相関関係にあり、振り返りを行うことで探究型の学習を仲間と協働で行うことに価値を見出すようになっていることが見て取れた。

8 広がる探究学習

令和4年度から本校では福祉の全職員で探究学習の実践に取り組んでおり、今年度は、若手の教員が主となって実施している。昨年度の授業の反省から、習熟型で鍛えて教えるべき研究方法の教授について、時間をかけ丁寧に指導してくださっていることや、ICTを効果的に使用している様子を拝見し、多くの先生方が探究学習に関わることで、さらに効果的な指導方法を開発できるのではないかと期待している。今後は、生徒の研究活動が進むので、形成的なカンファレンスをより効果的に実施するための方策について考え、実践していきたいと計画している。

高等学校教科「福祉」の設置当時の高等学校における福祉教育の位置について、大橋謙策先生は、専門的な職業人の養成を目指すタイプと、社会福祉への関心と理解を深め、社会福祉関係の高等教育機関への進学を目指すタイプの二つが考えられ、すべての高校生に国民的教養として福祉教育を展開することも論議されたと述べられている。高等学校の福祉教育では、専門的な職業教育科目であるがために、介護福祉士の国家資格を取得することを注視しがちである。しかし、すべての高校生が幅広く福祉を学び、福祉の見方・考え方・感じ方、すなわち福祉の価値観を身に付けるためには、社会に存在する福祉問題を発見し、試行錯誤しながら高校生にできることを考える福祉研究の探究学習が必要だと考えている。

福祉研究発表会の活動のデザインを事例課題、学習方法、評価方法について着目して実践を行ってきた。学習場面では、事例課題にご協力いただいた対象者の方や福祉・医療の専門職、卒業生などにご協力いただいて探究を行っている。

探究学習を実践していくのは難しい。しかし、多くの方々の協力を得ながら「高校生の私にできること」が考えられるような探究学習をこれからも実践していきたいと考えている。

参考文献
中山見知子（2023）福祉の見方・考え方・感じ方を育てる高校福祉教育　―全国高校生介護技術コンテストの批判的考察を通して、鳴門教育大学大学院修士論文
中山見知子・藤村裕一（2021）主体的・対話的で深い学びを実践するための高校福祉における活動デザイン、日本福祉教育・ボランティア学習学会第27回埼玉大会　報告要旨集、pp.118-119
大橋謙策（2002）福祉科指導法入門、pp.10-36、中央法規出版

『ジョン・デューイ』
——民主主義と教育の哲学

上野正道　著
岩波新書、270頁、990円

評者▼梶野光信
東京都教育庁地域教育支援部

現代日本において、子どもたちの教育を考える議論は「学校」という制度の枠組みの範囲内でしか展開されていないのが現状である。学校で教えられることには「限りがある」ことを前提に、未来を担う市民として、子どもたちの育成の在り方を検討していくよう、議論の枠組みを転換させることが急務である。

このような閉塞的状況を打破するため、アクティブ・ラーニング、探究的な学び、対話的な学び、問題解決学習、生活教育、プロジェクト学習、リフレクション、クリティカル・シンキング、シティズンシップ教育、SDGsの学習、コミュニティ・スクール、学校・家庭・地域の連携・協働といった方向が模索されている。それらはいずれもジョン・デューイの教育思想にルーツを見出すことができる。

本書は、デューイが教育をどのように構想したか等の課題を「民主主義と教育」の哲学と実践から読み解くことを旨として執筆されている（全6章構成）。アメリカのプラグマティズムの思想と子ども中心の新教育運動が、デューイの思想形成にどのように寄与したかを知ることができる。

デューイは、誰一人として取り残されることのない社会の実現に向けて、新たな教育と学びを創造しようとする「コモン・マン(common man)」の思想を掲げている。それは、民主主義は絶えず新たに探究され、発見され、再発見され、創造されていく過程から形成されていくものであるとされる。デューイの「教育とは人生のプロセスそのものであり、将来の人生のための準備ではないと信じている」（34頁、傍点は引用者）という言葉は、学校化社会から「生活」「経験」を重視した子どもの主体的な学びへと転換していくことが喫緊の課題であることを我々に教えてくれている。

『探究的な学びデザイン』
——高等学校　総合的な探究の時間から教科横断まで

酒井淳平　著
明治図書出版　223頁　2310円

評者▼奥山留美子
山形県福祉教育・ボランティア研究協議会

2022（令和4）年度から高等学校でも新学習指導要領が始まり、注目が集まる探究について、本書は理論編（第1章・第2章）と実践編（第3章）の構成で書き進められている。

著者がイメージした読み手は、探究を担当するにあたって立ちすくんでいる教師だ。そもそもなぜ今探究が大事なのかわからない。探究の重要性はわかっているものの、どのように取り組めばよいのかわからない。学校全体で探究を進めたいけど難しい。探究の視点を取り入れて、授業や教師としての在り方改善を図りたい。中学校や高校での実践事例が知りたい。といった〝現場あるある〟の状況を前提に丁寧に解説されている。また、大切な部分は太字で記述、小見出しのついた節ごとにポイントが簡潔に示されている。さながら、現場の教師に向けたエール満載の教師用の探究の教科書、探究の指導書とも言える。

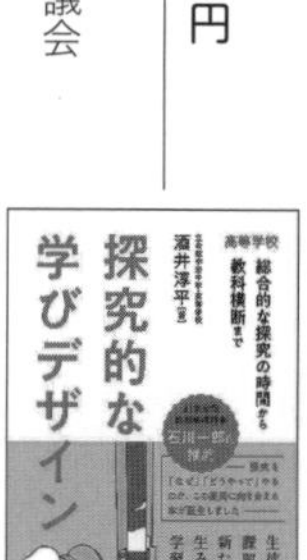

教育の持つ本質的な役割は生徒が成長することにある。育てたい生徒像という目的に向かってとる一つの方法が探究的な学びであり、探究することを目的にしてしまうと形骸化した教育になってしまうと筆者は危惧している。重要なのは学びの結果ではなく学びのプロセスである。そのために必要な教師の思考を12の視点から示している。現場を知り尽くした筆者の言葉が光っている。

また、生徒も学校も千差万別、読み手の置かれた立場や悩みによっても探究に対するニーズは異なる。汎用的な授業案は存在しない。そこで、数多くの実践事例が紹介されている本書は心強い。さらに、教科での授業実践に留まらず学校経営や中学・大学の実践も紹介されている。生徒は探究で社会とつながる経験を、教師は探究の指導を通してキャリア形成を。探究を軸にした学校づくりにぜひ一読してほしい一冊である。

『自分と相手の非認知能力を伸ばすコツ』
――家庭、学校、職場で生かせる！

中山芳一 著
東京書籍、223頁、1870円

評者▼上野山裕士
摂南大学現代社会学部

そもそも探究学習とは、「変化の激しい社会に対応して、（中略）よりよく課題を解決し、自己の生き方を考えていくための資質・能力」（文部科学省）の育成を目指すものとされている。ここでいう「資質・能力」には、「知識・技能」を中心とした数値で測定できる力に加え、「思考力・判断力・表現力等」や「学びに向かう力・人間性等」の数値で測定しにくい力が含まれる。「非認知能力」とは、後者にあてはまる力を意味する。

本書では、非認知能力をさらに「自分と向き合う力」「自分を高める力」「他者とつながる力」の3つの枠組みで整理し、それぞれの詳細とそれらを高めるための方法を紹介している。以下、探究学習でとくに重要と考えられるポイントをいくつか抜粋する。

まずは、「非認知能力の言語化」。対象者に身につけてもらいたい力があるとき、そもそもそれはどんな力か（定義）、そこに含まれる力はどのようなものか（構成要素）、どんなことができたときその力を身につけたといえるのか（行動指標）をできるかぎり具体的に表現することが必要となる。

つぎに、「非認知能力への意識づけ」。非認知能力は自分で伸ばすものであり、だれかが強いるものではない。だからこそ、自分の感情、行動を変容させたいという意識が芽生えるような体験、経験（＝仕掛け）が不可欠となる。

さいごに、「振り返りからメタ認知へ」。振り返りとは「あのときの自分」に対する省察を、メタ認知とは「この瞬間の自分」に対する省察を意味する。自らの感情・行動を俯瞰的に捉え、必要に応じて即時修正することで、より実践的な非認知能力が身につくとされる。

このほか、非認知能力を高めるためのフィードバックや評価の方法、環境づくりについて詳述されており、探究学習をデザインする際のヒントが盛り込まれている。

『カオスなSDGs』
――グルっと回せばうんこ色

酒井敏 著
集英社新書、208頁、968円

評者▼渡邊一真
京都府社会福祉協議会

正直、本書のサブタイトルに魅かれたといえば、やや不純な動機だが間違いではない。もちろん、SDGsの否定が本書の目的ではないが、その「危うさ」を提起している。例えば、プロローグは「SDGsは現代社会最大のキレイゴト？」が最初の小見出しから始まり、「（17の目標が）お互いに矛盾を生じかねない（中略）ある目標を達成しようとすると、別の目標の達成を邪魔してしまう」トレードオフについて言及している。（私自身は率直にこの時点で更に興味がわいた。）

筆者の専門分野である地球物理学の観点から、第1章「危ういSDGs」では、主に若者たちの「サステナブル疲れ」、続く第2章ではプラスチックゴミ問題を例にして持続可能性について言及（第2章プラゴミ問題で考える持続可能性）し、以下「第3章 地球温暖化とカオス理論」「第4章 無計画だからこそうまくいくスケールフリーな世界」と続く。このあと、温暖化問題についての大きな流れに対して「もっともらしい仮説に対しては慎重にブレーキを」（第5章の小見出し）と主張する。

本号のテーマである探究学習にも通底するのだが、本書でも金科玉条のように世間で言われていることは「本当にそうなのか？」といういい意味で「疑い」と自ら探っていく探究心が必要だと説いている。サブタイトルの意図は、終章をお読みいただければと思うがSDGsの各目標は「一方で相乗効果を生み、他方では矛盾もはらみながら、「人類の持続可能性というコンセプトを軸につながって」いて、ゆえに各目標を単独で考えるのではなく「循環」させることが大切だと説いている。SDGsをブームではなく、本気で考えるのであれば、無批判ではなく半歩引きながら考えることも大切であることに気づかせてくれる良書である。

日本福祉教育・ボランティア学習学会の紹介

●日本福祉教育・ボランティア学習学会とは

市民社会を形成し、共生の文化を育むことをめざす福祉教育・ボランティア学習について、様々な立場で活動・研究している関係者が一堂に会して、その価値や領域、推進方法や評価などについて学際的・実践的な研究をしていくために、1995（平成７）年10月に設立された。小・中・高校・特別支援学校の教員や社会福祉協議会職員、ボランティア活動者から大学教員まで、実践者から研究者まで幅広い会員で構成されている。

●活動内容

・全国各地で開催してきた学会大会・総会
　東京（３回）、大阪、長崎、千葉、岐阜、栃木、広島、富山、神奈川、兵庫（２回）、埼玉、静岡、徳島、愛知（２回）、群馬、京都、茨城、石川、山口、宮崎、長野、北海道
　（第26回・第27回はオンラインで実施）
　2022年の第28回大会は、11月27日（土）～28日（日）、神戸大学鶴甲第２キャンパスで開催された。
　2023年の第29回大会は、11月４日（土）～５日（日）、新潟で開催予定。

・学会研究紀要の発行【年２回】
　６月、11月

・雑誌『ふくしと教育』の監修【年４回発行】
　６月、９月、12月、３月

・学会ニュースの発行【年３回】

・プロジェクト活動ほか
　福祉教育・ボランティア学習に関する提言活動や地域での学習活動など

●学会研究紀要

６月刊行の紀要は学会員の投稿を中心とした構成となっている。11月刊行の紀要は課題別研究の研究成果や広がりを含めた特集テーマを設定するとともに、学会員の投稿を含めた構成となっている。

●学会入会申込

入会希望の方は、『入会申込書』（学会 HP からダウンロード可能）に記入の上、事務局に送付ください。FAX、E メールでの申込も可能。入会金及び会費は理事会の入会審査後、請求します。

★正会員について

年会費は、正会員8,000円、賛助会員10,000円。入会金1,000円。

会員は、学会の運営に関し総会において意見を述べることができる。学会誌その他の刊行物の配布を受け、また、研究大会において研究成果を発表し、学会誌等に寄稿することができる。

★団体会員について

福祉教育・ボランティア学習に関する研究と実践を行い、関心を有し、本会の目的に賛同し、協力する団体（大学及び研究機関は含まない）は、団体会員として加入いただくことができる。

団体会員の年会費10,000円、入会金1,000円。

団体会員は、学会誌その他の刊行物の配布を受ける。その構成員は、研究大会での自由研究発表ができるが、総会の議決権を有しない、学会誌への投稿ができないなど、一定の制限がある。

■事務局

〒981－0932　宮城県仙台市青葉区木町16－30
　シンエイ木町ビル１階
日本福祉教育・ボランティア学習学会事務局
TEL：022-727-8733　FAX：022-727-8737
E メール　jimukyoku@jaass.jp
ホームページ　https：//jaass.jp

巻末言

新しくなった「ふくしと教育」をお読みいただきありがとうございます。３年にも渡る新型コロナによる様々な制限や圧迫も少しずつ解けてきた感があります。もちろん、感染がなくなった訳ではなく、コロナとの共生や適応が求められる社会ということになろうかと思います。さて、今号のテーマは「ふくし探究学習」です。 本誌のタイトルである「ふくしと教育」のど真ん中のテーマだったと思います。執筆いただいた先生方の内容に共通するのは教育分野だけでも福祉分野だけでもなく、様々な分野の様々な専門家や住民をはじめとしたボランタリーな皆さんの動きがあってこそ学校も含めて教育や学習が成立するということを改めて学ばせていただきました。タイトルは「学校でアプローチする」ではありますが、学校関係者だけではなく、福祉関係者を始め多くの皆さんに本誌を手に取っていただきたいと思います。新装となった本誌に今後もご期待をお願いいたします。（編集長・渡邉一真）

『ふくしと教育』2023年度のラインアップ

●通巻 35 号　特集　（６月１日発行）
学校でアプローチする「ふくし」探究学習

現在の学習指導要領の核心の一つが「探究」学習です。多くの教科目での対応が期待される中で、「ふくし」的観点からの様々な探究学習を提示します。子どもを育む多職種協働の実現による取組から考えます。これから導入する学校への実践モデルをめざします。

●通巻 36 号　特集　（９月１日発行）
コロナ社会のふくしボランティア学習の価値

新型コロナウイルス感染症のパンデミックの中で、福祉やボランティアは、どのような状況であったのか、コロナ禍の見えていなかった現場を振り返ります。福祉教育・ボランティア学習の本質や価値を問い直し、ウイズコロナ社会における「ふくしボランティア学習」を展望します。

●通巻 37 号　特集　（12月１日発行）
重層事業と地域共生社会をめざす福祉教育

2017 年の社会福祉法改正において新たに創設された重層的支援体制整備事業（重層事業）を通して、これからの地域共生社会をめざす福祉教育を考えます。重層事業では、従来、分野ごと（介護・障害・子育て・生活困窮）に行われていた相談支援や地域づくりを一体的に行います。

●通巻 38 号　特集　（2024年３月１日発行）
子どもの権利をどう守るか《こども家庭庁始動》

子ども権利条約の「子どもの最善の利益」を考えます。こども家庭庁は、子ども政策を一元的に集約する「企画立案・総合調整部門」、子どもの安全・安心な成長のための政策立案を担う「生育部門」、虐待やいじめ、ひとり親家庭など困難を抱える子どもや家庭の支援にあたる「支援部門」の３部門からなります。子どもの権利を擁護する現場の声を聴き取ります。

定価1210円（本体価格1100円＋税10%）　年間購読料4840円（税込）　送料無料

ふくしと教育　通巻35号
学校でアプローチする「ふくし」探究学習

2023年６月１日発行

監　修　日本福祉教育・ボランティア学習学会
Socio-education and Service Learning

編集長　渡邊一真
発行人　奥西眞澄
発行所　大学図書出版
〒102-0075　東京都千代田区三番町14-3　岡田ビル４Ｆ
TEL：03-6261-1221　FAX：03-6261-1230
https://www.daigakutosho-gr.co.jp
発売所　株式会社教育実務センター
TEL：03-6261-1226　FAX：03-6261-1230
印刷所　精文堂印刷株式会社

ISBN 978-4-902773-86-6　C3036　Printed in Japan